山东省区域科技创新能力评价报告 2019

山东省科技统计分析研究中心 著

·北京·

图书在版编目（CIP）数据

山东省区域科技创新能力评价报告 . 2019 / 山东省科技统计分析研究中心著 . —北京：科学技术文献出版社，2020.2

ISBN 978-7-5189-6423-9

Ⅰ.①山… Ⅱ.①山… Ⅲ.①技术革新—研究报告—山东—2019 Ⅳ.① F124.3

中国版本图书馆 CIP 数据核字 (2020) 第 017569 号

山东省区域科技创新能力评价报告2019

| 策划编辑：周国臻 | 责任编辑：周国臻 | 责任校对：王瑞瑞 | 责任出版：张志平 |

出 版 者	科学技术文献出版社
地 址	北京市复兴路15号　邮编 100038
编 务 部	（010）58882938，58882087（传真）
发 行 部	（010）58882868，58882870（传真）
邮 购 部	（010）58882873
官 方 网 址	www.stdp.com.cn
发 行 者	科学技术文献出版社发行　全国各地新华书店经销
印 刷 者	北京地大彩印有限公司
版 次	2020 年 2 月第 1 版　2020 年 2 月第 1 次印刷
开 本	889×1194　1/16
字 数	134千
印 张	9.75
书 号	ISBN 978-7-5189-6423-9
定 价	88.00元

版权所有　违法必究

购买本社图书，凡字迹不清、缺页、倒页、脱页者，本社发行部负责调换

《山东省区域科技创新能力评价报告 2019》编辑委员会

主 任 袁清昌

副主任 毕 鹏 孟昭斌 高金魁

委 员 杨焱明 武秀杰 贾辛欣 何忠葵 王雪霁

      闫 峰 王晓鹏

山东省区域科技创新能力评价研究小组

组 长 袁清昌

副组长 贾辛欣 杨焱明 武秀杰

成 员 郭梦萦 王 静 朱 文 高 正 杜廷霞

      刘颖莹 王贤慧 李惠玲

前　言

　　2018年，山东省深入贯彻习近平新时代中国特色社会主义思想和党的十九大精神，大力实施创新驱动发展战略，以高质量创新引领高质量发展，新时代现代化强省建设高歌猛进。开展区域科技创新能力评价，是推进区域科技进步和区域协调发展、助力创新型省份建设的重要手段，对于优化全省创新资源配置，巩固区域创新实力，释放区域活力，挖掘区域创新潜力，培育壮大区域新动能具有重要意义。

　　《山东省区域科技创新能力评价报告2019》（以下简称《报告》）评价指标体系由创新资源、创新产出、企业创新、创新绩效、创新环境5个一级指标和24个二级指标组成，仍然遵循纵横可比的原则，采用综合指数评价法，并引用官方最新权威数据。《报告》共分4个部分：第一部分是全省科技创新基本情况评价，包括全省科技创新发展总体评价和区域综合科技创新水平评价等内容；第二部分是区域科技创新各级指标评价，包括区域科技创新一级指标评价和区域科技创新二级指标评价等内容；第三部分是区域综合科技创新水平分析，包括全省17市科技创新发展情况、创新发展主要指标分析及位次和产业发展情况等内容；第四部分是附录，主要包括区域科技创新能力评价指标体系、指标解释和评价方法等内容。

　　需要说明的是，《报告》相对上年度对二级评价指标进行了微调。为充分反映营商环境优化和知识的原始创新能力，分别新增了"实际使用外资金额占 GDP 比重"和"基础研究经费支出占 R&D 经费支出的比重"2 个指标。由于统计口径改变，删除了"R&D 人员中博士毕业生所占比重"1 个指标。

《报告》与上年度不同的是，本次增加了区域差异系数的测算，通过各市之间科技创新能力离散程度可以分析判断各市之间的创新水平差距。另外，为了增强《报告》对各市创新发展的指导性，对各市创新发展分析细化为三个层次，分别通过一级指标指数分析本市创新发展优劣势，通过二级指标数据分析本市位次变化原因，通过本市的产业发展现状分析问题所在并提出相关建议。

本《报告》标题中的"2019"指的是报告发布年份，报告所用数据标注为"当年"的均为 2018 年数据；标注为"上年"的均为 2017 年数据。其中有两个指标数据因统计口径改变，仍沿用 2017 年数据。

因莱芜市 2018 年尚未并入济南市，本《报告》中仍然将莱芜市作为17 市之一单独评价。

2020 年 1 月，全国第四次经济普查中国家统计局对各省市区 2018 年 GDP 进行了最终核实修订，山东省 2018 年 GDP 总量变化较大。目前新变化的 GDP 总量与历年数据尚不具有可比性，所以《报告》中与 GDP 相关的数据仍沿用《山东统计年鉴 2019》中的数据。

本《报告》尊重原始数据，力求客观公正，是山东省科技统计分析研究中心连续第二个年度出版的研究成果。《报告》得到省科技厅、省统计局有关方面的大力支持和山东省重点研发计划（软科学项目）资助。

由于时间仓促，加之水平有限，《报告》难免有不尽人意之处，恳请各界参阅中批评指正，以便今后加以改进。

山东省区域科技创新能力评价研究小组
2020 年 1 月

目录 Contents

第一部分　全省科技创新基本情况评价　　1
　一、全省科技创新发展总体评价　　1
　二、区域综合科技创新水平评价　　13

第二部分　区域科技创新各级指标评价　　16
　一、区域科技创新一级指标评价　　16
　二、区域科技创新二级指标评价　　25

第三部分　区域综合科技创新水平分析　　46
　一、济南市　　46
　二、青岛市　　51
　三、淄博市　　56
　四、枣庄市　　60
　五、东营市　　64

六、烟台市	68
七、潍坊市	72
八、济宁市	77
九、泰安市	81
十、威海市	86
十一、日照市	91
十二、莱芜市	96
十三、临沂市	100
十四、德州市	104
十五、聊城市	109
十六、滨州市	113
十七、菏泽市	118

附 录 122

一、区域科技创新能力评价指标体系	122
二、指标解释	123
三、评价方法	129
四、报告图解	130

第一部分　全省科技创新基本情况评价

一、全省科技创新发展总体评价

(一) 综合科技创新水平再创新高

2018年,全省上下深入学习贯彻党的十九大精神,坚持新发展理念,落实八大发展战略部署和高质量发展要求,强化创新能力建设,加大政策落实力度,科技实力进一步增强,创新型省份建设进入攻坚阶段。

全省综合科技创新水平再创新高,科技创新水平指数达到143.88%,较上年提高17.90个百分点。

(二) 创新资源持续增加

2018年全省创新资源指数达到113.31%,较上年提高8.75个百分点,虽然存在个别指标降低的情况,但整体创新资源的提高幅度仍高于上年。

基础研究经费投入提升。在全省研发经费支出下降的情况下,基础研究经费支出48.95亿元,较上年增长了20.76%,基础研究经费支出占R&D经费支出比重达2.98%,较上年提高0.67个百分点(图1-1)。无论是规模还是占比,济南、青岛均遥遥领先于其他各市。

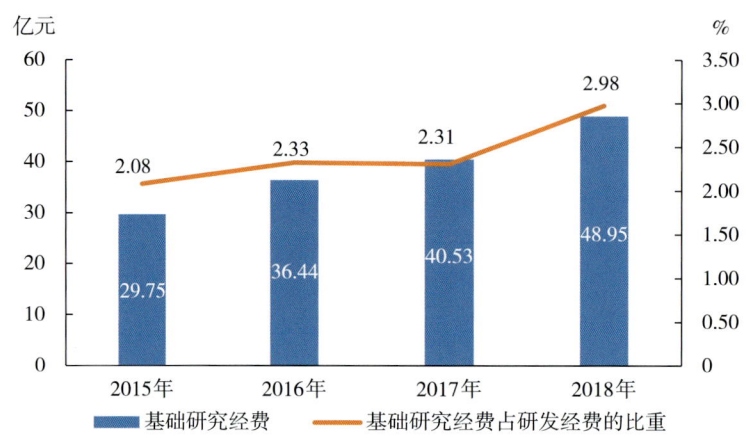

图 1-1　2015—2018 年基础研究经费及占研发经费的比重增长趋势

财政科技支出持续增加。2018 年，全省财政科技支出 232.74 亿元，较上年增加 36.97 亿元，同比增长 18.88%；财政科技支出占公共财政支出的比重达 2.30%，较上年提高 0.19 个百分点。全省共有 8 市地方财政科技支出占比高于全省平均水平，其中，烟台地方财政科技支出占比达到 3.83%，超过上年排名第一的威海，跃居全省首位。

研发人力投入稳步增长。2018 年，全省 R&D 人员折合全时当量 30.83 万人年，较上年增长 1.15%。其中，基础研究人员全时当量 1.87 万人年，占 6.06%。每万名就业人员中研发人员数为 49.89 人年（图 1-2），较上年提高 3.43 人年；济南每万名就业人员中研发人员数达 127.00 人年，继续保持全省首位，其次是淄博、青岛，均超过 90 人年，远高于其他各市。

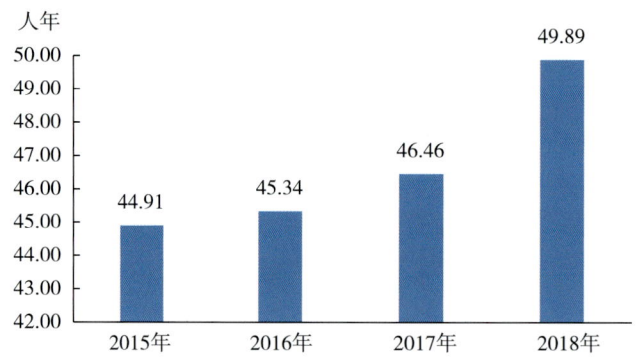

图 1-2　每万名就业人员中研发人员数增长趋势

（三）创新产出全面提升

2018年全省创新产出指数达到143.49%，较上年提高25.93个百分点，创新产出的数量和质量均得到进一步提升。

专利活动规模持续扩大。2018年，全省国内发明专利申请量达到75 817件，较上年增长11.87%，每亿元GDP发明专利申请量为0.99件，较上年提高0.06件；发明专利授权量20 338件，较上年增长6.54%；每万人发明专利拥有量达到8.78件，较上年提高1.21件（图1-3），各市较上年均实现增长。青岛、济南远高于其他各市水平。

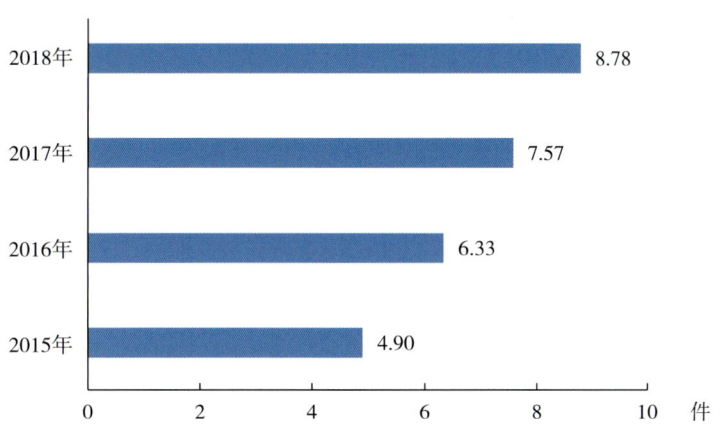

图1-3 每万人发明专利拥有量增长趋势

技术交易规模与质量不断提升。2018年，全省共登记技术合同34 554项，较上年增长33.17%；成交金额856.87亿元（图1-4），同比增长58.21%，居全国第8位，与上年位次持平。从合同类别来看，技术开发、技术服务合同成为技术交易中的主要类型，两类合同登记总项数和总成交额均占全省技术合同交易的80%以上。从输出技术领域来看，先进制造领域继续领跑全省各技术领域，共输出技术7277项，成交额232.08亿元，同比增长58.97%；紧随其后的依次是新能源与高效节能、电子信息、新材料及其应用、生物、医药和医疗器械。技术交易规模快速增长的同时，技术交易质量也在同步提升，2018年，平均每项技术合同成交额为247.98万元，较上年增长18.80%。从各市来看，年登记技术合同成交额均较上年实现增长，其中，聊城、菏泽、东营、淄博、济宁、泰安等6市均较上年增长1倍多，日照、滨州、济南等3市增幅也超过50%。技术要素的活跃流动成为科技实力快速提升的有效保障，为全省新旧动能转换提供科技支撑。

图1-4　年登记技术合同成交额增长趋势

（四）高新技术产业迅猛发展

2018年，全省共有高新技术企业8912家，较上年增长41.46%（图1-5），增速再创新高。青岛、济南高新技术企业数量遥遥领先，分别占全省总数的17.36%、34.92%。高新技术产业产值占规模以上工业总产值的比重为36.92%，较上年提高1.96个百分点。济南、青岛高新技术产业产值占规模以上工业总产值比重超过50%，烟台、威海、潍坊等3市超过44%。高新技术产品进出口额达到1976.17亿元，其中，出口额1013.53亿元，同比增长2.4%；进口额962.64亿元，同比下降3.2%。规模以上工业企业新产品销售收入占主营业务收入的比重达16.62%，较上年提高3.75个百分点。聊城规模以上工业企业新产品销售收入占主营业务收入的比重达30.77%，跃居全省第1位。高新技术产业高质量发展，极大地促进了产业结构的调整和国民经济的增长，在全省新旧动能转换步入爬坡过坎的攻坚期发挥了应有的支撑带动作用。

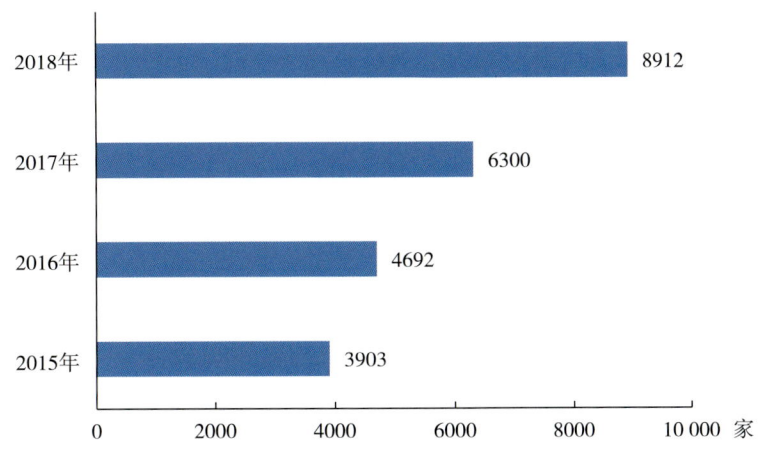

图 1-5　全省高新技术企业数量增长趋势

（五）企业创新主体地位更加突出

2018 年全省企业创新指数达到 169.93%，较上年提高 31.29 个百分点，增长势头强劲。

企业仍是全省研发活动的主力军。企业研发经费支出占全省研发经费支出比重达到 91.76%；有研发活动的企业数占全省有研发活动单位数的比例达到 93.71%；企业 R&D 人员占全省 R&D 人员比重达到 83.54%（表 1-1）。

表 1-1　各创新主体创新发展指标占全省的比重

名称	创新主体			
	企业	科研机构	高等院校	其他
各创新主体研发经费支出占全省研发经费支出的比重（%）	91.76	3.68	3.41	1.16
各创新主体有研发活动的单位数占全省有研发活动单位数的比重（%）	93.71	1.53	2.47	2.29
各创新主体 R&D 人员占全省 R&D 人员的比重（%）	83.54	4.51	7.88	4.07

企业研发投入占比持续增加。2018 年，全省规模以上工业企业研发经费支出为 1418.50 亿元，占主营业务收入的比重为 1.53%，较上年提高 0.42 个百分点。泰安、济南、枣庄、德州等 4 市规模以上工业企业研发经费支出占主营业务收入的比重超过 2.00%。全省规模以上工业企业 R&D 人员 38.84 万人，占

规模以上工业企业从业人员的比重为 5.58%，较上年提高 0.82 个百分点。济南、淄博、莱芜、青岛、日照、烟台、泰安等 7 市超过全省平均水平。

（六）科技创新驱动新旧动能转换

高新区科技创新更富活力。2018 年，全省省级以上高新区"四上"企业 6621 家，新注册企业 35 167 家，实现规模以上工业总产值 18 655.93 亿元，出口总额 2210.36 亿元。高新区的发展持续推动创新的发展方式，对全省新旧动能转换的示范引领作用日益增强。

科技越发达，劳动者平均受教育程度越高，体制机制越健全，全员劳动生产率往往就越高。2018 年，全省全员劳动生产率达到 12.37 万元/人，较上年提高 1.30 万元/人（图 1-6）。东营、青岛、威海、济南、淄博、烟台等 6 市全员劳动生产率超过全省平均水平。这一指标的提升反映了全省经济发展的质量和效益在逐年提高，生产效率进一步提升。

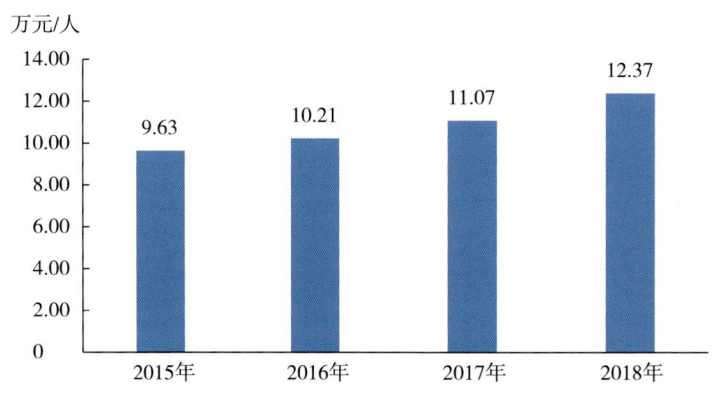

图 1-6 全省全员劳动生产率增长趋势

能源利用效率有所改善，产业结构调整初显成效。万元 GDP 综合能耗较上年降低率为 4.87%。济南、聊城较上年降低率超过了 10%。

（七）创新创业环境显著优化

2018 年全省创新环境指数达到 182.46%，较上年提高 34.82 个百分点，是所有一级指标中增长最快的指标。

普惠性政策落实取得良好成效。2018年，规模以上工业企业使用来自政府部门的研发资金38.65亿元，比上年增长25.00%；研发费用加计扣除减免税达到60.53亿元，同比增长66.47%，占企业研发经费的比重为4.27%，是上年的1.84倍；高新技术企业减免税达到101.83亿元，同比增长3.24%，占企业研发经费的比重为7.18%，较上年提高0.87个百分点（图1-7）。

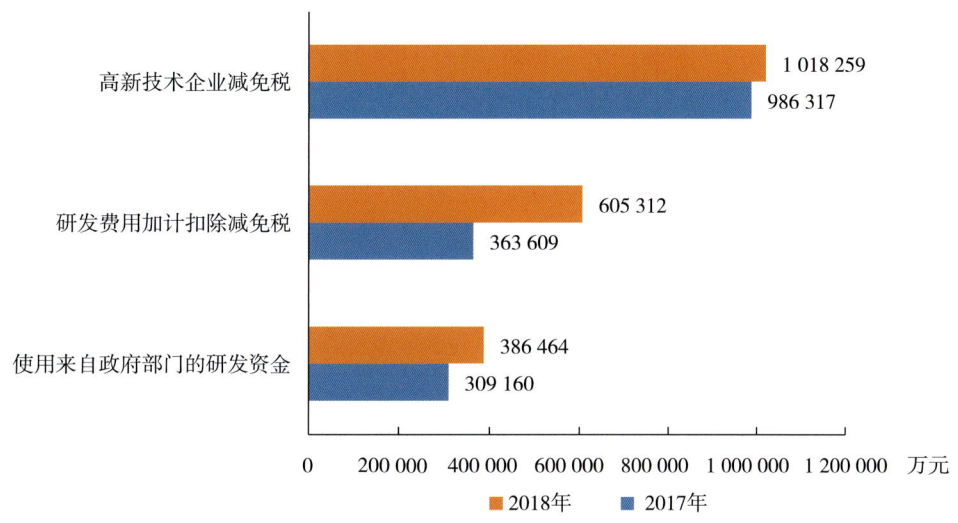

图1-7 规模以上工业企业政府相关政策落实情况

创新载体蓬勃发展。截至2018年年底，全省共建省重点实验室241个；拥有省级工程技术研究中心1273个；省级以上科技企业孵化器321家（其中国家级84家）；省级以上众创空间622家（其中国家级198家）；国家技术转移示范机构31个。以"十强"产业重点企业为依托，试点建设了碳纤维、燃料电池、合成生物等10个省级技术创新中心，积极打造技术创新的重要载体和策源地。目前，全省企业与中国科学院、中国工程院合作建设联合实验室、成果转化基地等各类产学研创新平台达130多个，促进科技人才、科技成果有效向山东省聚集。

（八）总体评价中发现的问题

在取得成效的同时，通过科技创新能力评价也反映出了一些值得重视的问题。

一是全省研发经费投入强度出现下滑。2018 年，全省研发经费支出 1643.33 亿元，较上年减少 109.68 亿元，同比下降 6.26%；研发经费投入强度（研发经费支出占地区生产总值的比重）为 2.15%，较上年下降 0.26 个百分点（图 1-8），比全国平均水平低 0.04 个百分点。从各市来看，12 个市全社会研发经费支出占地区生产总值比重下降，11 个市全社会研发经费支出减少。

分析其原因，2018 年，全省企业、科研机构、高等院校研发经费支出分别为 1507.92 亿元、60.41 亿元、55.99 亿元，科研机构、高等院校分别比上年增长 19.67%、5.23%，而企业研发经费支出下降 7.63%。同时，有研发活动的企业数较上年减少 10.49%。由此可见，全省研发经费投入强度下降的主要原因应归结于企业研发经费投入的下降。作为创新型省份建设的重要指标，全省及各市应采取强有力措施加大研发经费投入力度，加强相关政策的宣传及实施，积极搭建创新平台，进一步优化创新资源配置。

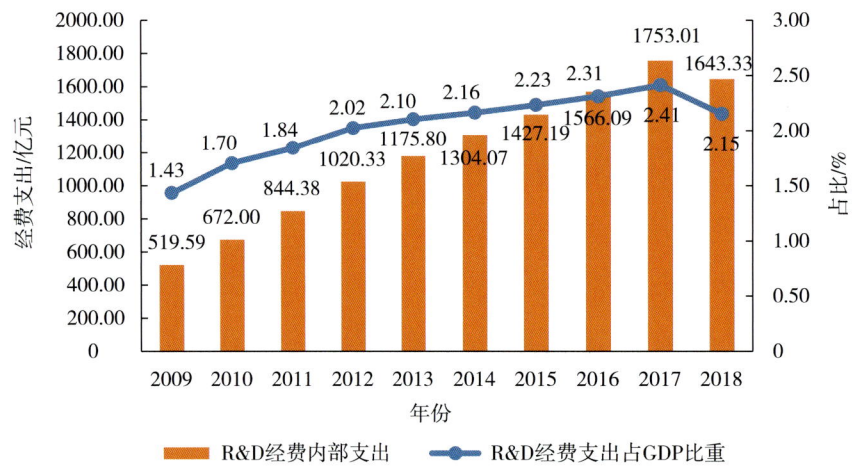

图 1-8　2009—2018 年全省 R&D 经费内部支出及占比变化趋势

二是基础研究经费支出占 R&D 经费支出比重仍较小。基础研究经费占比是衡量一个区域原始创新能力的重要指标。2018 年全省基础研究经费虽较上年有所提高，但基础研究经费占比仅为 2.98%（图 1-9），与全国平均 5.54% 的比重相比还有相当差距。加大基础研究经费投入力度，优化研发经费结构，鼓励原始创新，应给予足够重视。

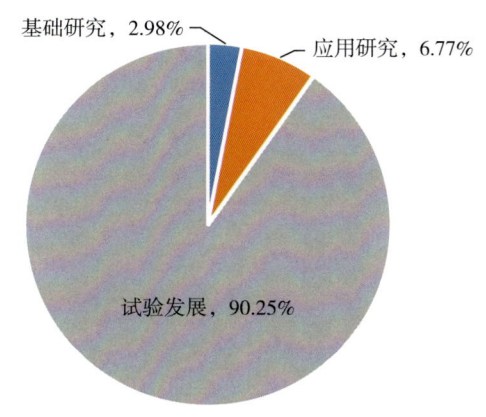

图 1-9　2018 年全省 R&D 经费的活动类型分布

三是区域科技创新发展不均衡加剧。经测算，2018 年各市之间的差异系数达到 36.13%，较上年提高了 2.32 个百分点（表 1-2），这说明各市之间创新发展的离散程度加大，区域科技创新发展水平差距拉大。济南、青岛遥遥领先，济南与菏泽综合创新水平指数差为 81.35%，综合科技创新水平指数在 50 以下的市有 8 个，基本集中在中西部区域。西部地区应努力挖掘自身潜力和优势，积极引进和培育高层次人才，优化产业结构。各市之间应加强技术交流与合作，促进区域间的协调发展和区域互助、互补、合作，推动全省创新型省份建设形成合力，形成多区域跨区域协调发展的格局。

表 1-2　区域差异系数

地区	差异系数（%）	
	当年	上年
各市之间	36.13	33.81

四是部分市对科技经费投入力度不足。济宁、菏泽、临沂、聊城、潍坊、泰安、莱芜、威海、东营等9市地方财政科技支出占公共财政支出比重较上年出现不同程度的下降，其中，东营较上年下降幅度最大，下降了0.77个百分点（图1-10）。各市应进一步优化财政资金支出结构，加大地方财政科技经费投入力度。

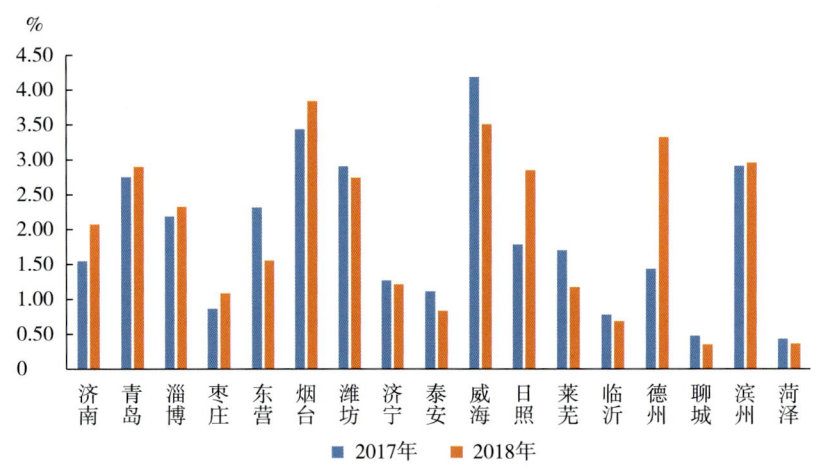

图1-10　全省17市2017年和2018年地方财政科技支出占公共财政支出比重变化情况

五是规模以上工业企业研发机构覆盖率低。2018年，全省有研发机构的规模以上工业企业较上年减少1068家，有研发机构的规模以上工业企业占比为7.53%，比上年下降2.44个百分点。全省仅有德州、莱芜两市实现增长，其他15个市均较上年有所下降（图1-11）。同时，除德州、青岛、菏泽、烟台4个市外，其他13个市有研发活动的规模以上工业企业较上年均减少。各市应努力营造创新创业氛围，搭建创新平台，鼓励企业开展研发活动，激发企业的创新活力。

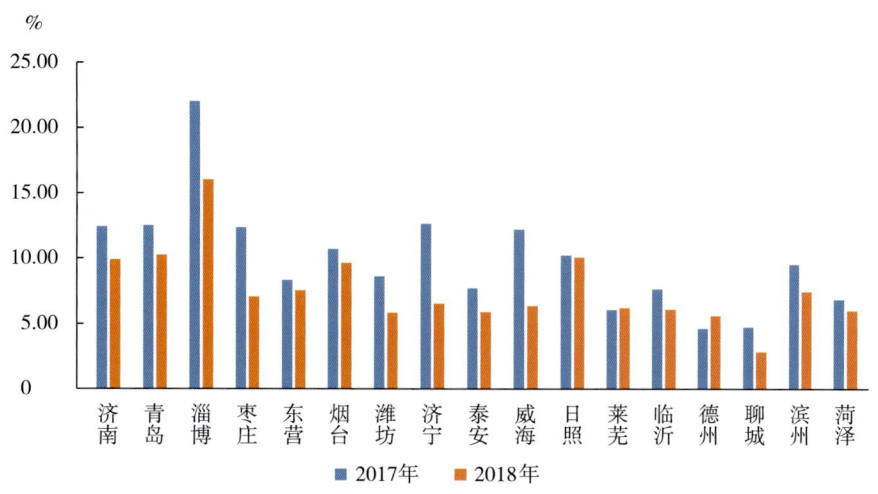

图 1-11 全省 17 市 2017 年和 2018 年有研发机构的规模以上工业企业占比变化情况

六是各市产业结构调整的任务艰巨。绝大多数市万元 GDP 综合能耗下降率降幅收窄，指标指数下降。仅有聊城、潍坊两市降幅扩大。日照的万元 GDP 综合能耗不仅没有下降，反而上升了 8.42%。说明全省在优化产业结构和能源利用方式、效率上需要进一步调整，实现节能降耗，挖掘潜力。一方面继续坚持工业领域的结构调整和化解过剩产能；另一方面要增强生活领域的绿色消费理念，培育绿色消费习惯。

七是科研人员的待遇有待提高。科学研究和技术服务业就业人员待遇在区域间差距明显，有 9 个市的科学研究和技术服务业平均工资比较系数较上年出现下降，枣庄、济南、威海、东营、烟台、临沂、济宁等市下降幅度超过 10%。应研究并制定相关政策，提高科研人员的工资水平和福利待遇，加大人才培育及引进力度，使山东省成为聚才引才高地。

表 1-3 所示为 2017 年和 2018 年山东省科技创新评价指标情况。

表1-3 2017年和2018年山东省科技创新评价指标比较

指标	2017年	2018年
全省综合科技创新水平指数（%）	125.98	143.88
创新资源指数（%）	104.56	113.31
全社会研发（R&D）经费支出占地区生产总值（GDP）的比重（%）	2.41	2.15
地方财政科技支出占公共财政支出的比重（%）	2.11	2.30
每万人拥有的受大专及以上教育程度人口数（人）	992	1122
每万名就业人员中研发人员数（人年）	46.46	49.89
基础研究经费支出占R&D经费支出的比重（%）	2.31	2.98
创新产出指数（%）	117.56	143.49
每万元科学研究经费（基础研究经费与应用研究经费之和）的国外主要检索工具收录科技论文数量（篇）	0.0207	0.0216
每亿元GDP年登记技术合同成交额（万元）	74.57	112.05
每亿元GDP发明专利申请数（件）	0.93	0.99
每万人发明专利拥有量（件）	7.57	8.78
企业创新指数（%）	138.64	169.93
规模以上工业企业R&D经费支出占主营业务收入的比重（%）	1.11	1.53
规模以上工业企业R&D人员占规模以上工业企业从业人员比重（%）	4.76	5.58
高新技术企业数量占规模以上工业企业数量比重（%）	16.52	24.55
有研发机构的规模以上工业企业占规模以上工业企业比重（%）	9.97	7.53
规模以上工业企业新产品销售收入占主营业务收入比重（%）	12.87	16.62
创新绩效指数（%）	126.63	119.41
高新技术产业产值占规模以上工业总产值比重（%）	34.96	36.92
知识密集型服务业增加值占GDP比重（%）	11.42	11.42
省级以上高新区规模以上工业主营业务收入占全省规模以上工业主营业务收入比重（%）	13.54	13.54
全员劳动生产率（万元/人）	11.07	12.37
万元GDP综合能耗较上年降低率（%）	6.94	4.87
创新环境指数（%）	147.64	182.46
研发费用加计扣除减免税占企业研发经费的比重（%）	2.33	4.27
每万名就业人员累计孵化企业数（个）	1.36	1.83
科学研究和技术服务业平均工资比较系数（%）	100.70	96.64
实际使用外资金额占GDP比重（%）	1.66	1.78
每万人互联网宽带接入用户数（万户）	0.26	0.29

二、区域综合科技创新水平评价

(一) 各市综合科技创新水平评价

2018年全省各市聚焦科技创新发展,加快新旧动能转换,呈现出你追我赶的局面,综合科技创新水平指数存在不同程度的起伏。根据各市综合科技创新水平指数高低,可以将17个市划分为四类:

第一类:综合科技创新水平指数达到90%以上的市,包括济南、青岛。

第二类:综合科技创新水平指数低于90%,但高于60%的市,包括淄博、威海、烟台、泰安。

第三类:综合科技创新水平指数低于60%,但高于45%的市,包括潍坊、东营、莱芜、济宁、聊城、德州、日照、滨州。

第四类:综合科技创新水平指数在45%以下的市,包括枣庄、临沂、菏泽。

与上年相比,综合科技创新水平指数位次上升最多的市是聊城,较上年上升5位,其次是泰安和德州,较上年上升3位,潍坊和济宁均上升1位;位次下降最多的市是滨州,较上年位次下降了4位,其次是东营、莱芜、枣庄、临沂,位次均下降2位,日照位次下降1位;其他市位次不变(图1-12)。

与上年相比,按照各市综合科技创新水平指数增长的幅度,17个市排名依次是:青岛、聊城、济南、德州、淄博、威海、泰安、潍坊、日照、烟台、枣庄、临沂、济宁、菏泽、东营、莱芜、滨州(图1-13)。其中:

增长幅度超过10%的有青岛、聊城、济南、德州、淄博5个市。

增长幅度5%~10%的有威海、泰安、潍坊3个市。

增长幅度0~5%的有日照、烟台、枣庄、临沂4个市。

增长幅度为负的有济宁、菏泽、东营、莱芜、滨州5个市。

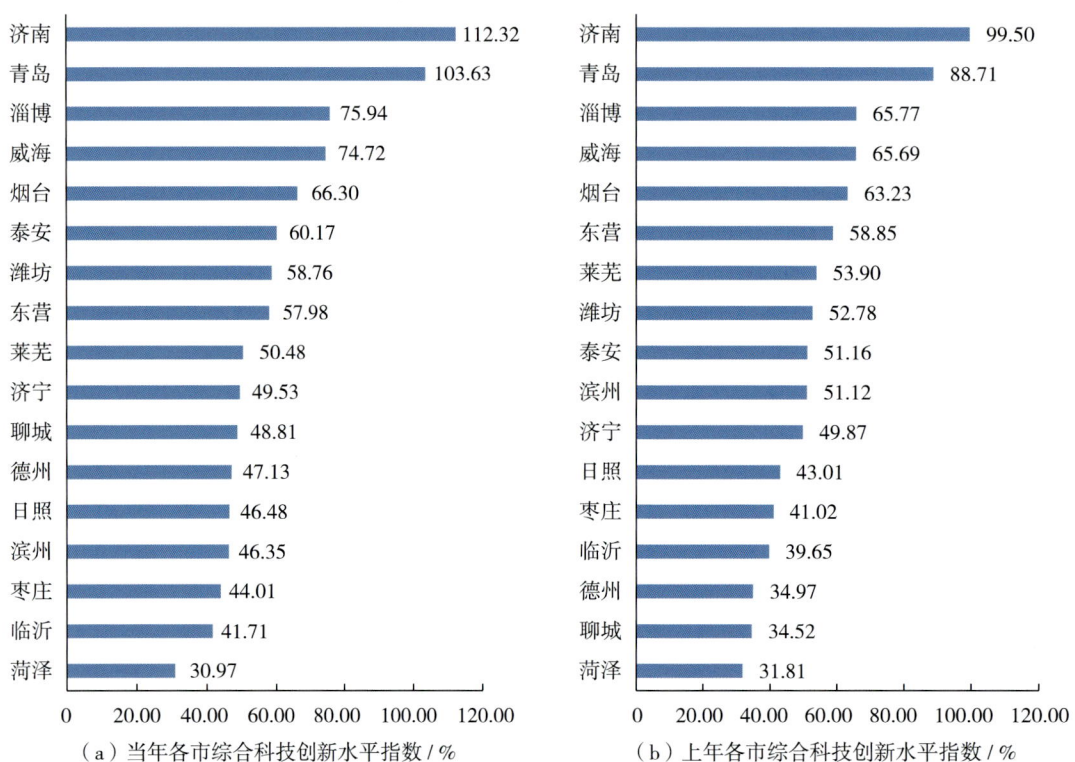

图 1-12 区域综合科技创新水平指数

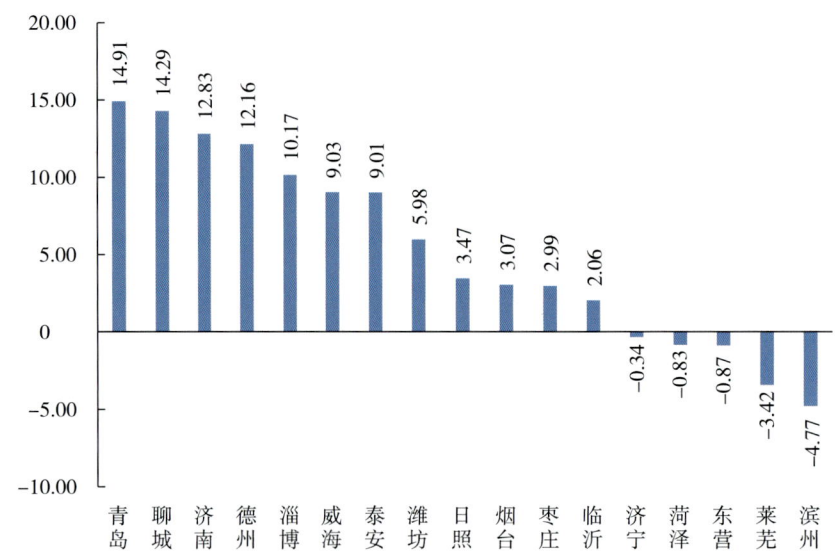

图 1-13 当年区域综合科技创新水平指数较上年提高百分点

（二）区域科技创新的特征

从 17 个市综合科技创新评价结果看，区域科技创新呈现三个突出特征：

一是济南、青岛引领发展的地位愈加凸显。两市研发经费支出占全省比重接近 30%，两市高新技术企业数占全省比重超过 50%，两市发明专利授权量占全省比重达到 55.97%，两市高新技术产业产值占规模以上工业总产值比重居全省前两位。

二是创新型城市支撑创新型省份建设作用明显。济南、青岛、烟台、济宁、潍坊、东营 6 市立足自身资源禀赋、产业特征、区位优势、发展水平等基础条件，创新型城市建设水平进一步提升。六市研发经费支出占全省比重达到 58.47%；六市技术合同成交额占全省比重达到 63.13%；六市高新技术企业数量占全省比重达到 74.10%；六市发明专利授权量占全省比重达到 75.63%。

三是中西部部分地区快速崛起。聊城综合科技创新水平指数列全省第 11 位，较上年上升 5 位，是全省提高位次最多的市；泰安综合科技创新水平指数较上年上升 3 位，跃居全省第 6 位；德州综合科技创新水平指数列全省第 12 位，较上年上升 3 位。

第二部分 区域科技创新各级指标评价

一、区域科技创新一级指标评价

（一）创新资源评价

从创新资源指数来看，济南、青岛、淄博居全省前3位，创新资源指数均在70%以上。仅有5个市创新资源指数较上年提高，其他市创新资源指数均较上年有所下降，主要是因为大部分市全社会研发经费支出占地区生产总值比重较上年下降幅度较大（图2-1和图2-2）。

与上年相比，创新资源指数位次上升最多的是德州，由上年的第13位上升至第7位，主要原因是全社会研发经费支出占地区生产总值比重、地方财政科技支出占公共财政支出的比重这2个指标较上年位次提升较大，前者由上年的第16位上升至第11位，后者由上年的第11位上升至第3位。其次是日照，主要原因是全社会研发经费支出占地区生产总值比重和地方财政科技支出占公共财政支出的比重2个指标提高幅度分别列全省第1、第2位，使得创新资源指数位次上升5位。淄博位次上升3位，主要原因是全社会研发经费支出占地区生产总值比重提升位次较大，由上年的第10位上升至第3位。滨州和烟台的位次分别上升2位和1位。

区域科技创新各级指标评价 | 第二部分

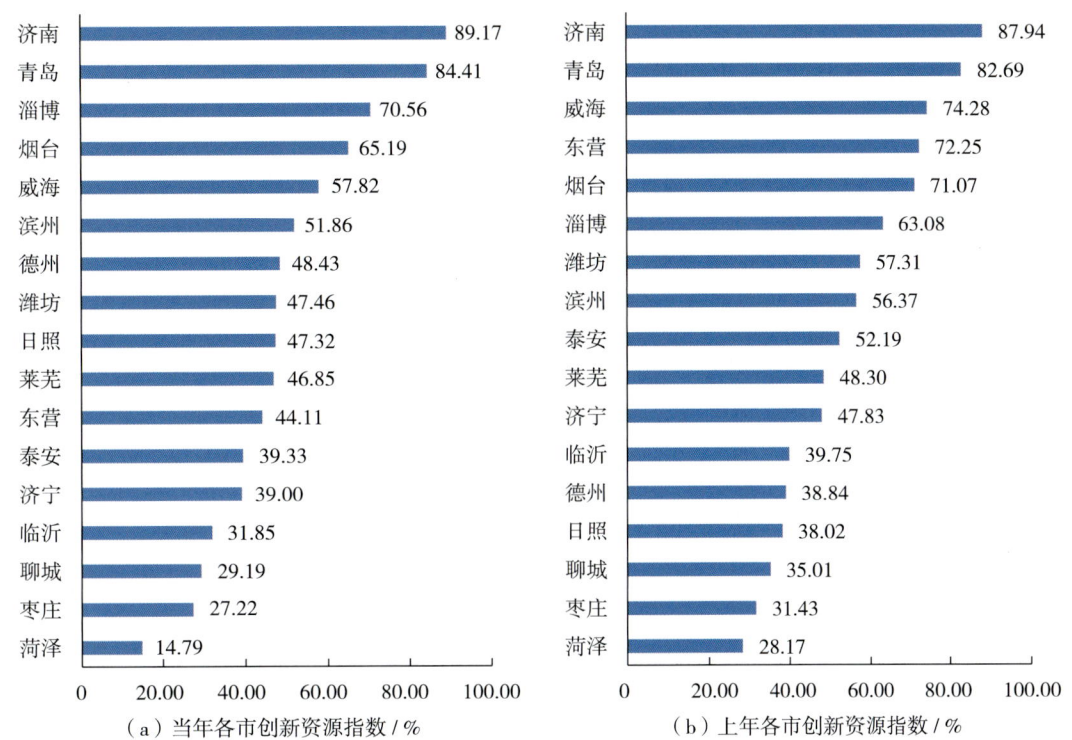

图 2-1 区域创新资源指数

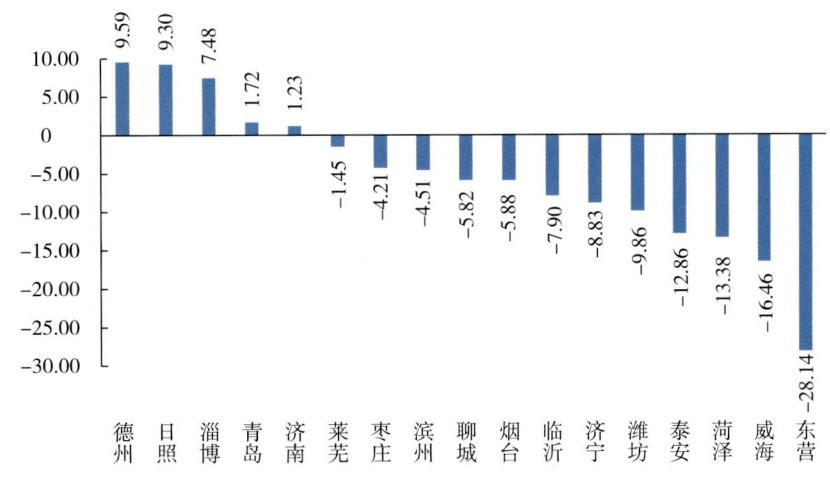

图 2-2 当年区域创新资源指数较上年提高百分点

创新资源指数位次下降最多的是东营，由上年的第 4 位下降至第 11 位，原因是全社会研发经费支出占地区生产总值比重、地方财政科技支出占公共财政支出的比重、每万名就业人员中研发人员数这 3 个指标均较上年有下降，且下降幅度均较大。泰安位次下降 3 位，主要原因是全社会研发经费支出占地区生产总值比重、地方财政科技支出占公共财政支出的比重 2 个指标下降幅度较大。威海、济宁、临沂分别因为全社会研发经费支出占地区生产总值比重、每万名就业人员中研发人员数、基础研究经费支出占 R&D 经费支出比重下降幅度较大，使得 3 市位次均下降 2 位。潍坊位次下降 1 位。

（二）创新产出评价

从创新产出指数来看，济南、青岛、淄博、潍坊、威海居全省前 5 位，创新产出指数在 60% 以上，济南、青岛更是超过 100%，优势明显。各市创新产出指数均较上年实现增长（图 2-3 和图 2-4）。

与上年相比，聊城和菏泽创新产出指数位次上升较多，分别上升 4 位和 3 位，主要原因是两市每亿元 GDP 年登记技术合同成交额提升幅度较大，前者由上年的第 12 位上升至第 5 位，后者由上年的第 16 位上升至第 12 位。东营、日照位次均上升 2 位，前者主要因为每亿元 GDP 年登记技术合同成交额提升幅度较大，位次较上年提高 5 位；后者主要因为每亿元 GDP 发明专利申请数和每万人发明专利拥有量提升幅度较大，两指标位次分别较上年提高 2 位和 4 位。潍坊、泰安位次较上年均上升 1 位。

莱芜、临沂、德州创新产出指数位次下降最多，较上年均下降了 3 位，主要原因是三市每亿元 GDP 年登记技术合同成交额位次较上年均有所下降；此外，临沂、德州每万人发明专利拥有量位次较上年也有不同程度下降。枣庄由于每亿元 GDP 年登记技术合同成交额位次较上年下降较多，由上年的第 8 位下降至第 11 位，使得创新产出指数位次较上年下降 2 位。烟台、威海位次均下降 1 位。

第二部分 区域科技创新各级指标评价

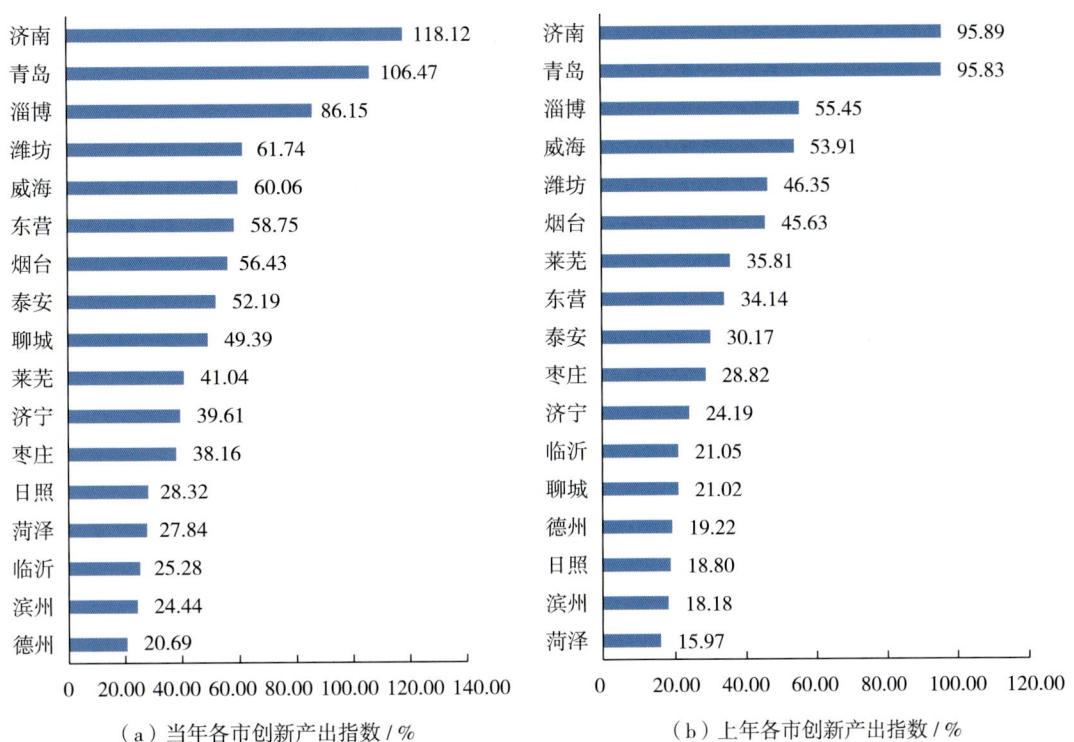

图 2-3 区域创新产出指数

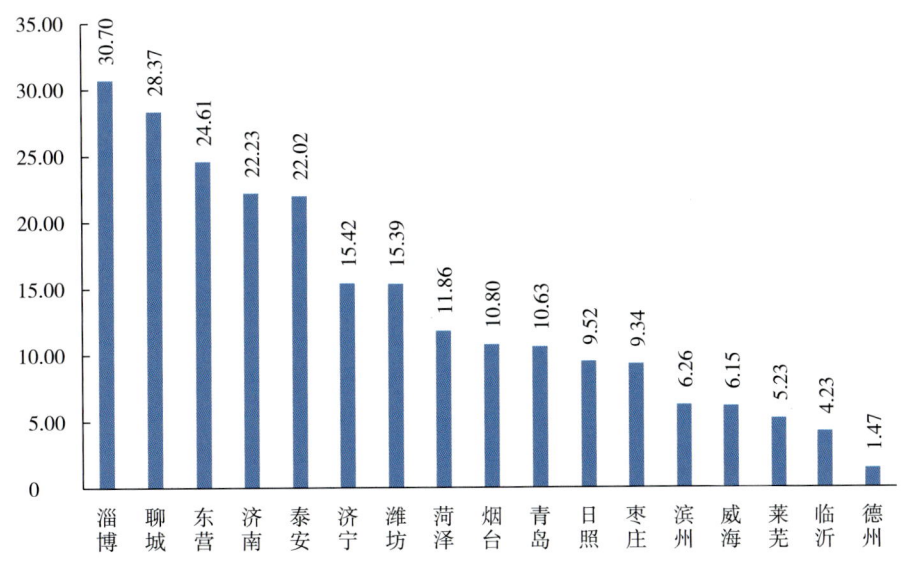

图 2-4 当年区域创新产出指数较上年提高百分点

（三）企业创新评价

从企业创新指数来看，济南、青岛、泰安、淄博、烟台居全省前5位，企业创新指数均在80%以上，济南、青岛该指数分别达到135.11%、128.25%，远超其他各市。有14个市企业创新指数较上年提高，除威海位次不变外，其他市位次均发生变化（图2-5和图2-6）。

与上年相比，泰安企业创新指数位次上升最多，由上年的第11位上升至第3位，从二级指标来看，主要是泰安规模以上工业企业R&D经费支出占主营业务收入比重、规模以上工业企业新产品销售收入占主营业务收入比重均较上年增长了1倍多，增幅较大。德州、聊城位次较上年均上升了6位，原因是两市规模以上工业企业R&D经费支出占主营业务收入比重、规模以上工业企业R&D人员占规模以上工业企业从业人员比重、规模以上工业企业新产品销售收入占主营业务收入比重提升位次较大。枣庄、日照位次较上年均上升3位，前者主要是因为规模以上工业企业R&D经费支出占主营业务收入比重、规模以上工业企业新产品销售收入占主营业务收入比重增幅较大，后者除规模以上工业企业新产品销售收入占主营业务收入比重增幅较小外，其他指标增幅均位列全省中上游水平。济南由于规模以上工业企业R&D经费支出占主营业务收入比重、规模以上工业企业R&D人员占规模以上工业企业从业人员比重提升幅度较大，而青岛规模以上工业企业R&D经费支出占主营业务收入比重降幅较大，使得济南企业创新指数超越青岛居全省首位。

企业创新指数位次下降最多的是济宁和滨州，位次较上年均下降了8位。济宁除规模以上工业企业新产品销售收入占主营业务收入比重位次未变化外，其他指标位次较上年均有所下降，其中规模以上工业企业R&D经费支出占主营业务收入比重、有研发机构的规模以上工业企业占规模以上工业企业比重位次下降较多，分别下降了8位和7位；滨州因为规模以上工业企业R&D经费支出占主营业务收入比重、规模以上工业企业新产品销售收入占主营业务收入比重降幅均较大，使得企业创新指数位次下降较多。东营、潍坊、临沂位次均下

区域科技创新各级指标评价 | **第二部分**

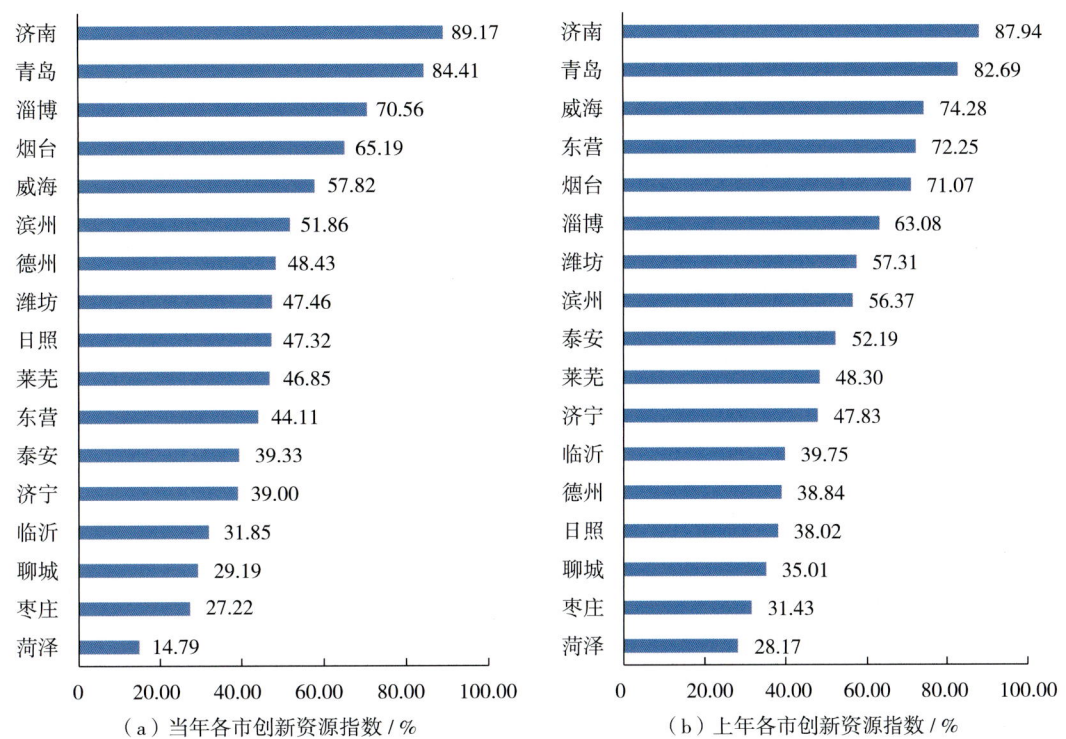

图 2-1 区域创新资源指数

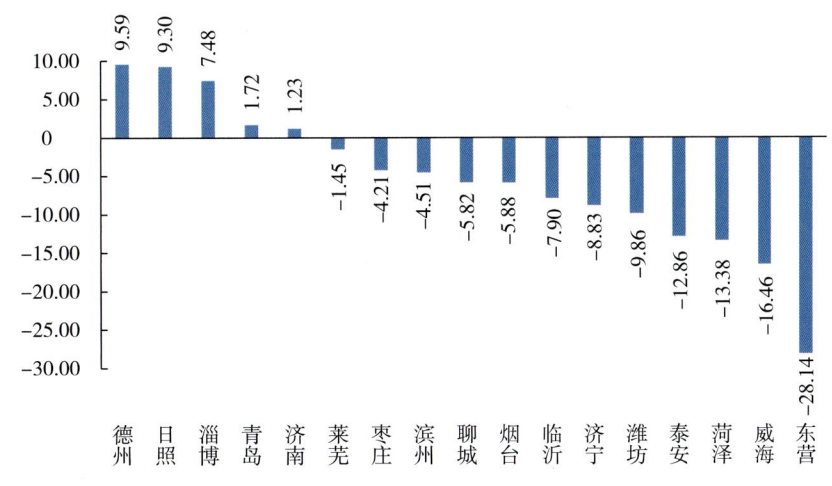

图 2-2 当年区域创新资源指数较上年提高百分点

创新资源指数位次下降最多的是东营，由上年的第 4 位下降至第 11 位，原因是全社会研发经费支出占地区生产总值比重、地方财政科技支出占公共财政支出的比重、每万名就业人员中研发人员数这3个指标均较上年有下降，且下降幅度均较大。泰安位次下降3位，主要原因是全社会研发经费支出占地区生产总值比重、地方财政科技支出占公共财政支出的比重2个指标下降幅度较大。威海、济宁、临沂分别因为全社会研发经费支出占地区生产总值比重、每万名就业人员中研发人员数、基础研究经费支出占R&D经费支出比重下降幅度较大，使得3市位次均下降2位。潍坊位次下降1位。

（二）创新产出评价

从创新产出指数来看，济南、青岛、淄博、潍坊、威海居全省前5位，创新产出指数在60%以上，济南、青岛更是超过100%，优势明显。各市创新产出指数均较上年实现增长（图2-3和图2-4）。

与上年相比，聊城和菏泽创新产出指数位次上升较多，分别上升4位和3位，主要原因是两市每亿元GDP年登记技术合同成交额提升幅度较大，前者由上年的第12位上升至第5位，后者由上年的第16位上升至第12位。东营、日照位次均上升2位，前者主要因为每亿元GDP年登记技术合同成交额提升幅度较大，位次较上年提高5位；后者主要因为每亿元GDP发明专利申请数和每万人发明专利拥有量提升幅度较大，两指标位次分别较上年提高2位和4位。潍坊、泰安位次较上年均上升1位。

莱芜、临沂、德州创新产出指数位次下降最多，较上年均下降了3位，主要原因是三市每亿元GDP年登记技术合同成交额位次较上年均有所下降；此外，临沂、德州每万人发明专利拥有量位次较上年也有不同程度下降。枣庄由于每亿元GDP年登记技术合同成交额位次较上年下降较多，由上年的第8位下降至第11位，使得创新产出指数位次较上年下降2位。烟台、威海位次均下降1位。

第二部分 | 区域科技创新各级指标评价

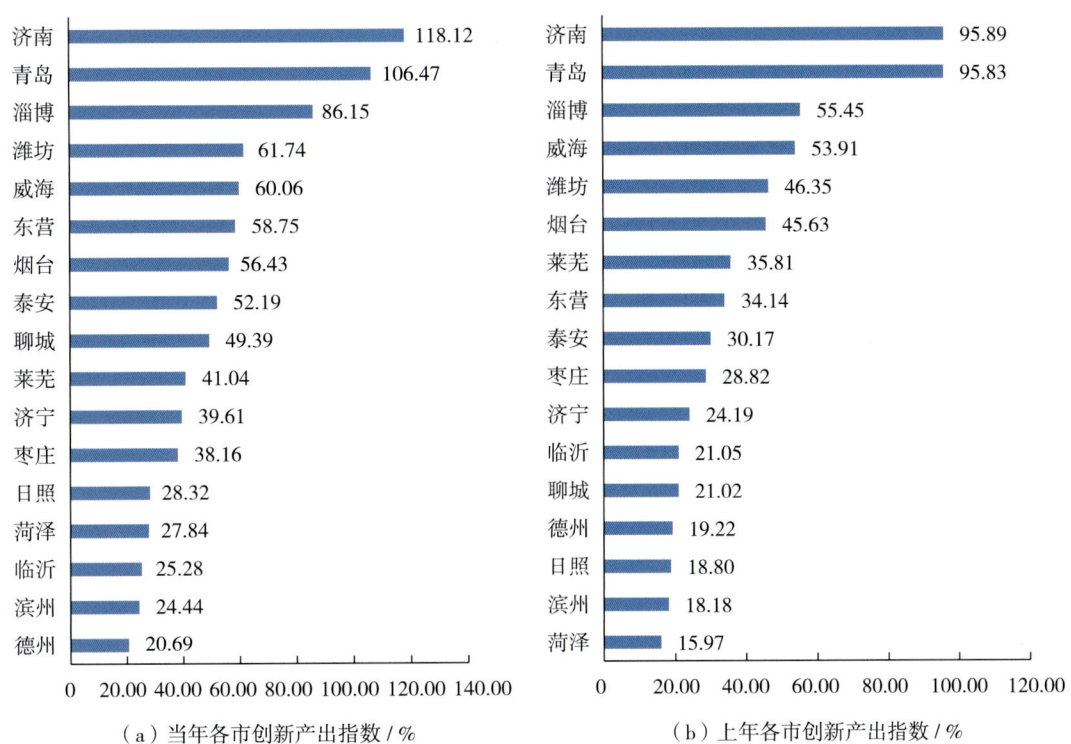

(a) 当年各市创新产出指数 / %　　(b) 上年各市创新产出指数 / %

图 2-3　区域创新产出指数

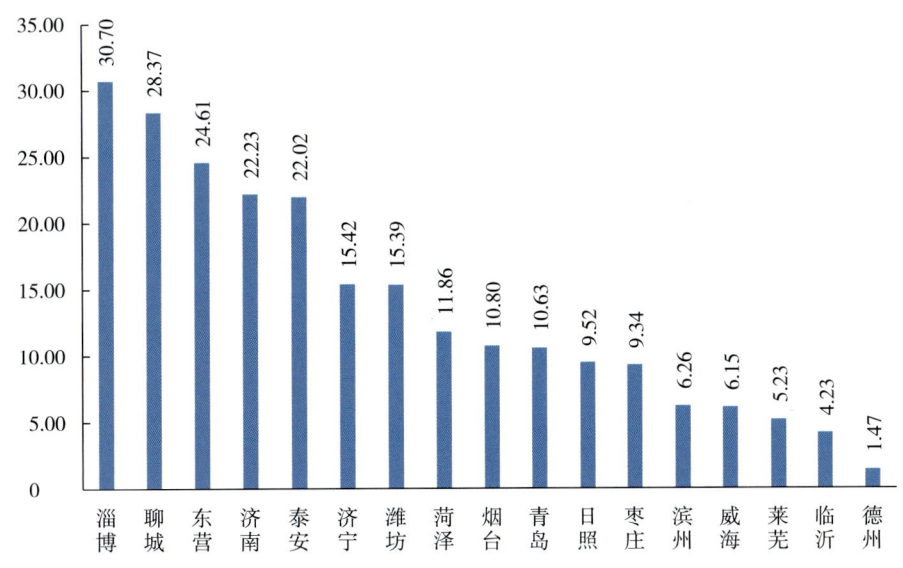

图 2-4　当年区域创新产出指数较上年提高百分点

（三）企业创新评价

从企业创新指数来看，济南、青岛、泰安、淄博、烟台居全省前 5 位，企业创新指数均在 80% 以上，济南、青岛该指数分别达到 135.11%、128.25%，远超其他各市。有 14 个市企业创新指数较上年提高，除威海位次不变外，其他市位次均发生变化（图 2-5 和图 2-6）。

与上年相比，泰安企业创新指数位次上升最多，由上年的第 11 位上升至第 3 位，从二级指标来看，主要是泰安规模以上工业企业 R&D 经费支出占主营业务收入比重、规模以上工业企业新产品销售收入占主营业务收入比重均较上年增长了 1 倍多，增幅较大。德州、聊城位次较上年均上升了 6 位，原因是两市规模以上工业企业 R&D 经费支出占主营业务收入比重、规模以上工业企业 R&D 人员占规模以上工业企业从业人员比重、规模以上工业企业新产品销售收入占主营业务收入比重提升位次较大。枣庄、日照位次较上年均上升 3 位，前者主要是因为规模以上工业企业 R&D 经费支出占主营业务收入比重、规模以上工业企业新产品销售收入占主营业务收入比重增幅较大，后者除规模以上工业企业新产品销售收入占主营业务收入比重增幅较小外，其他指标增幅均位列全省中上游水平。济南由于规模以上工业企业 R&D 经费支出占主营业务收入比重、规模以上工业企业 R&D 人员占规模以上工业企业从业人员比重提升幅度较大，而青岛规模以上工业企业 R&D 经费支出占主营业务收入比重降幅较大，使得济南企业创新指数超越青岛居全省首位。

企业创新指数位次下降最多的是济宁和滨州，位次较上年均下降了 8 位。济宁除规模以上工业企业新产品销售收入占主营业务收入比重位次未变化外，其他指标位次较上年均有所下降，其中规模以上工业企业 R&D 经费支出占主营业务收入比重、有研发机构的规模以上工业企业占规模以上工业企业比重位次下降较多，分别下降了 8 位和 7 位；滨州因为规模以上工业企业 R&D 经费支出占主营业务收入比重、规模以上工业企业新产品销售收入占主营业务收入比重降幅均较大，使得企业创新指数位次下降较多。东营、潍坊、临沂位次均下

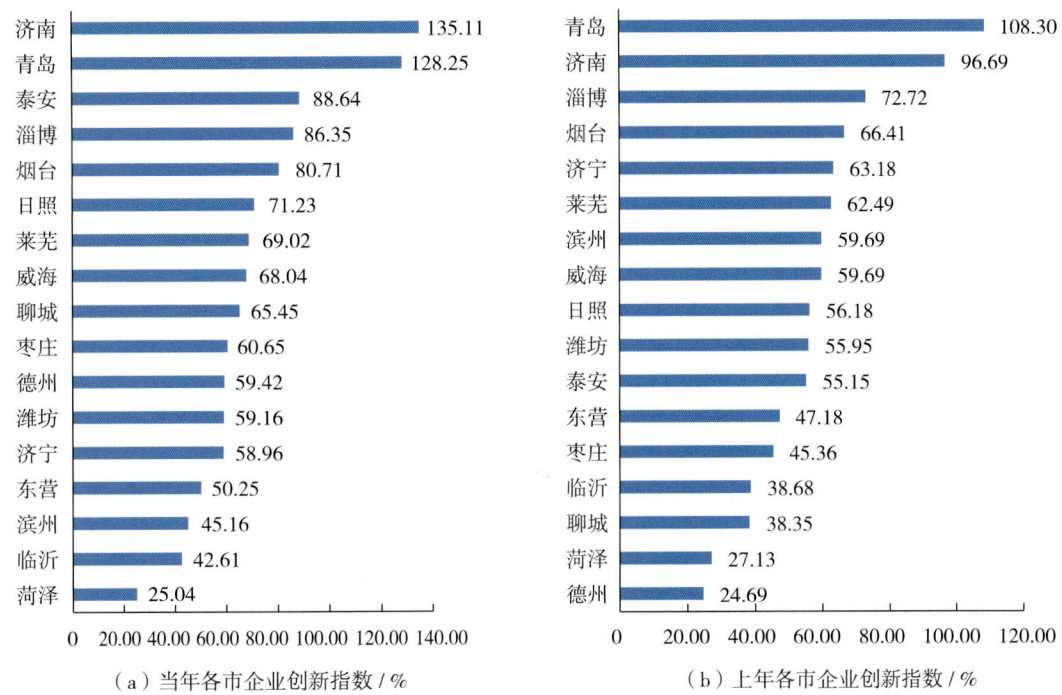

图 2-5 区域企业创新指数

图 2-6 当年区域企业创新指数较上年提高百分点

降 2 位，其中，东营主要因为规模以上工业企业 R&D 人员占规模以上工业企业从业人员比重、规模以上工业企业新产品销售收入占主营业务收入的比重下降位次较多；潍坊因为规模以上工业企业 R&D 经费支出占主营业务收入比重、有研发机构的规模以上工业企业占规模以上工业企业比重位次均下降 5 位；临沂虽然各指标位次变动不大，但与其位次相近的聊城、德州增幅较大，使得临沂企业创新指数位次下降。青岛、淄博、烟台、莱芜、菏泽位次均下降 1 位。

（四）创新绩效评价

从创新绩效指数来看，济南、青岛、威海、淄博、东营居全省前 5 位，创新绩效指数均在 60% 以上，其中，济南最为突出，达到 108.68%，比第 2 位的青岛高 32.05%。聊城、潍坊、青岛、威海等 4 市创新绩效指数较上年上升，其他市创新绩效指数较上年均出现下降，主要是由于大部分市万元 GDP 综合能耗降幅小于上年的降幅（图 2-7 和图 2-8）。

与上年相比，创新绩效指数位次上升较多的是聊城和潍坊，前者由上年的第 16 位上升至第 7 位，后者由上年的第 14 位上升至第 6 位，原因是两市万元 GDP 综合能耗降幅均较上年加大，而其他市万元 GDP 综合能耗降幅较上年收窄。临沂位次上升 2 位，主要原因同样是万元 GDP 综合能耗降低率位次由上年的第 6 位上升至第 3 位。东营、威海位次较上年均上升 1 位。

创新绩效指数位次下降最多的是莱芜和滨州，位次较上年均下降了 5 位，前者主要因为高新技术产业产值占规模以上工业总产值比重下降幅度较大，降幅列全省第 1 位；后者主要是因为万元 GDP 综合能耗较上年降低幅度大幅收窄，这一指数的降幅为全省最大。济宁创新绩效指数位次较上年下降 3 位，原因是 3 个二级指标位次较上年下降，其中，高新技术产业产值占规模以上工业总产值比重位次下降最多。泰安、德州主要由于万元 GDP 综合能耗降低率较上年位次下降较多，使得创新绩效指数位次分别下降 3 位、2 位。淄博、烟台、菏泽位次较上年均下降 1 位。

区域科技创新各级指标评价 | 第二部分

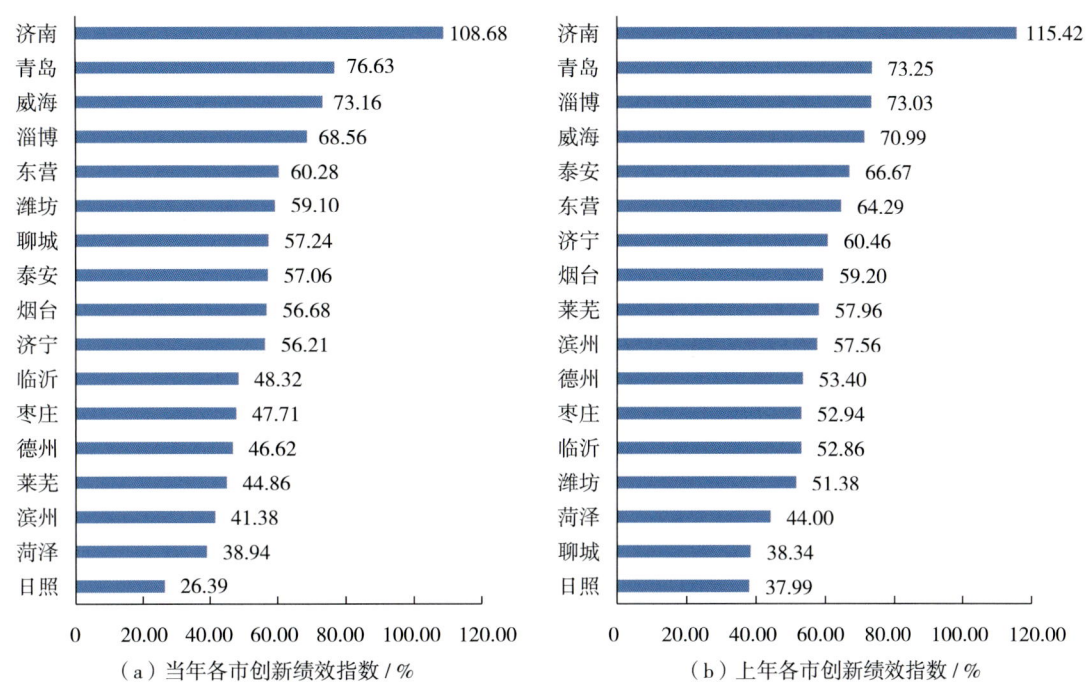

图 2-7 区域创新绩效指数

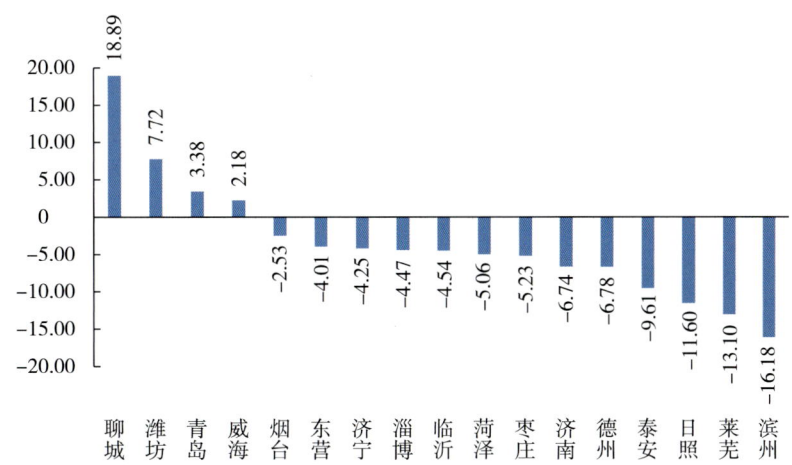

图 2-8 当年区域创新绩效指数较上年提高百分点

（五）创新环境评价

从创新环境指数来看，威海、青岛、济南、东营、滨州居全省前5位，创新环境指数均在70%以上。有11个市创新环境指数较上年实现增长，其余6个市较上年下降（图2-9和图2-10）。

与上年相比，仅淄博、聊城创新环境指数位次与上年持平，其他市位次均发生变化。德州位次上升最多，由上年的第16位上升至第10位，原因是除科学研究和技术服务业平均工资比较系数较上年位次下降1位外，其他指标位次较上年均有所提高，其中，研发费用加计扣除减免税占企业研发经费的比重位次提升最大，由上年的第12位上升至第9位。临沂创新环境指数位次较上年上升5位，主要原因是研发费用加计扣除减免税占企业研发经费的比重、每万名就业人员累计孵化企业数较上年实现大幅增长。潍坊、威海、滨州三市研发费用加计扣除减免税占企业研发经费的比重较上年实现较大增长。此外，潍坊科学研究和技术服务业平均工资比较系数较上年位次提升较大，威海每万名就业人员累计孵化企业数指数增幅居全省第3位，滨州每万人互联网宽带接入用户数指数增幅居全省首位，使得三市创新环境指数位次较上年上升了4位。青岛、菏泽位次较上年均上升1位。

创新环境指数位次下降最多的是莱芜，较上年下降了9位，主要原因是研发费用加计扣除减免税占企业研发经费的比重、每万名就业人员累计孵化企业数、实际使用外资金额占GDP比重较上年均出现下降，其中，研发费用加计扣除减免税占企业研发经费的比重位次下降最多，由上年的第2位下降至第14位。日照由于研发费用加计扣除减免税占企业研发经费的比重、实际使用外资金额占GDP比重下降位次较多，使得创新环境指数位次较上年下降6位。烟台创新环境指数位次由上年的第4位下降至第7位，主要是因为研发费用加计扣除减免税占企业研发经费的比重、科学研究和技术服务业平均工资比较系数位次较上年下降较多。济南、东营位次均下降2位，前者主要因为科学研究和技术服务业平均工资比较系数降幅较大，后者主要因为实际使用外资金额占GDP比重降幅较大。枣庄、济宁、泰安位次均下降1位。

区域科技创新各级指标评价 | 第二部分

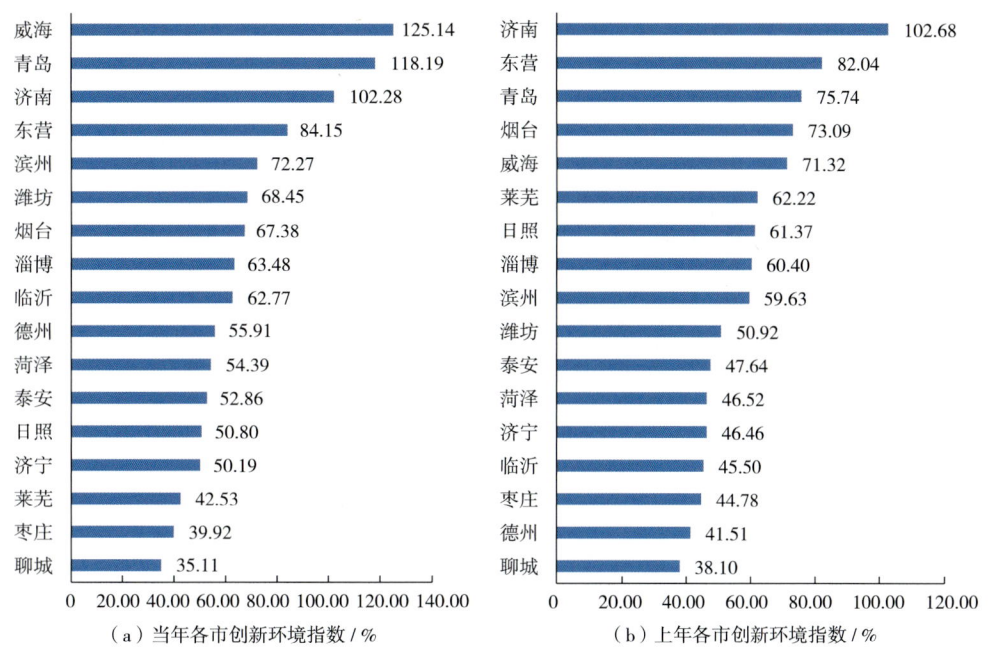

图 2-9 区域创新环境指数

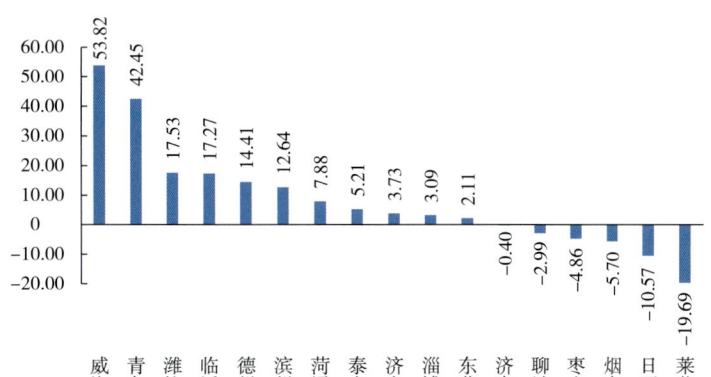

图 2-10 当年区域创新环境指数较上年提高百分点

二、区域科技创新二级指标评价[①]

1. 全社会研发（R&D）经费支出占地区生产总值（GDP）的比重（图2-11

[①] 由于各市的"每万人拥有的受大专及以上教育程度人口数""每万元科学研究经费（基础研究经费与应用研究经费之和）的国外主要检索工具收录科技论文数量""知识密集型服务业增加值占GDP比重"这3个指标数据无法完全获取，因而对各市科技创新水平评价采用21个指标。"省级以上高新区规模以上工业主营业务收入占全市规模以上工业主营业务收入比重"由于统计口径原因仍采用上年数据。另外，本节中当年评价值为各指标当年数值除以相应的评价标准计算得出，上年评价值为各指标上年数值除以相应的评价标准计算得出。

至图2-13）

图2-11 当年评价值

图2-12 上年评价值

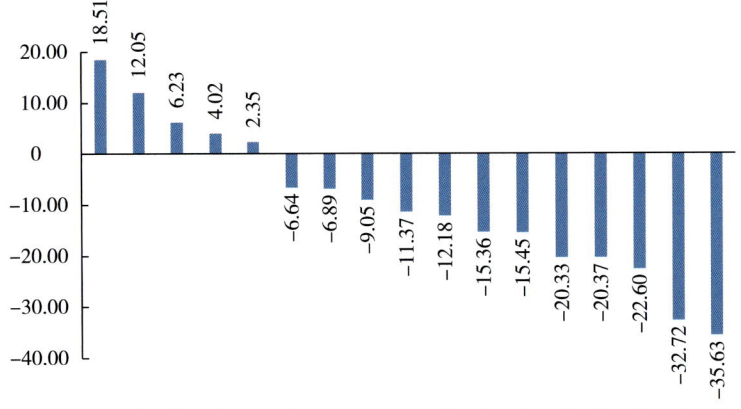

图2-13 当年评价值比上年评价值提高百分点

2. 地方财政科技支出占公共财政支出的比重（图 2-14 至图 2-16）

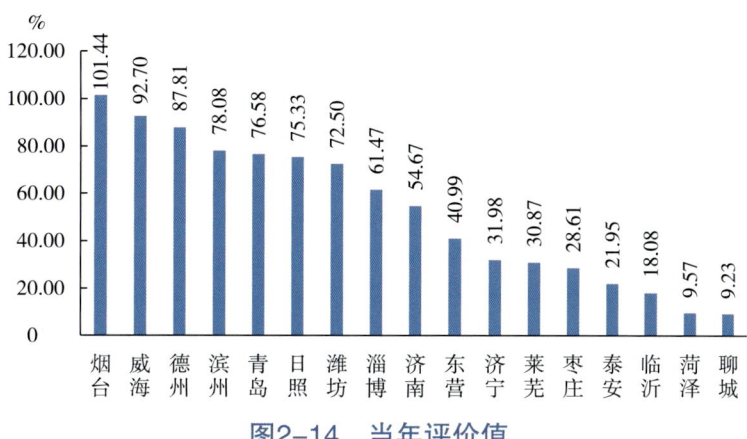

图2-14　当年评价值

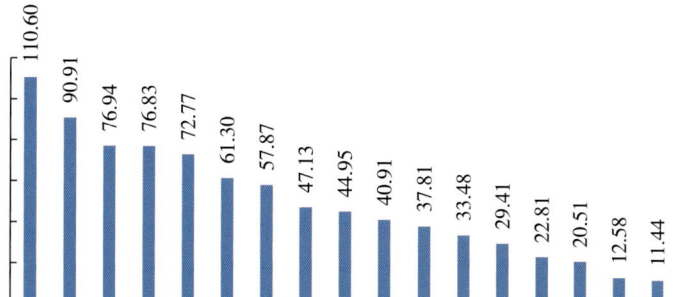

图2-15　上年评价值

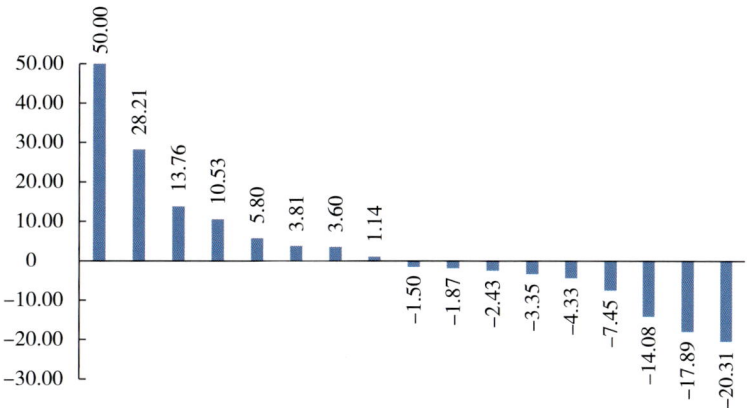

图2-16　当年评价值比上年评价值提高百分点

3. 每万名就业人员中研发人员数（图 2–17 至图 2–19）

图2-17　当年评价值

图2-18　上年评价值

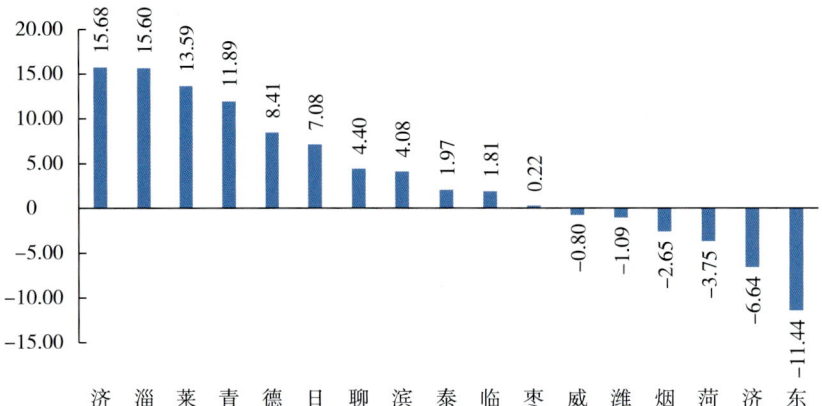

图2-19　当年评价值比上年评价值提高百分点

4. 基础研究经费支出占 R&D 经费支出的比重（图 2-20 至图 2-22）

图2-20　当年评价值

图2-21　上年评价值

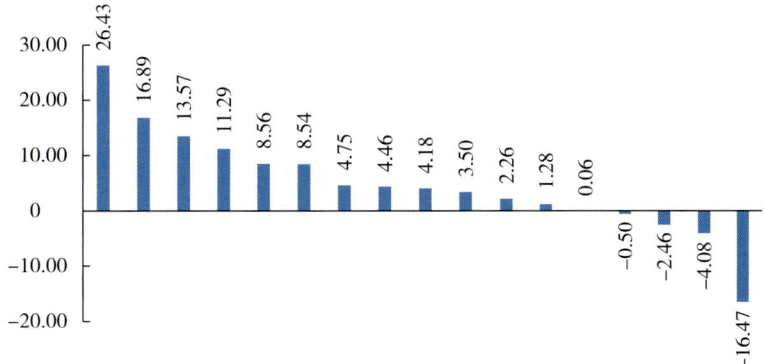

图2-22　当年评价值比上年评价值提高百分点

5. 每亿元GDP年登记技术合同成交额（图2-23至图2-25）

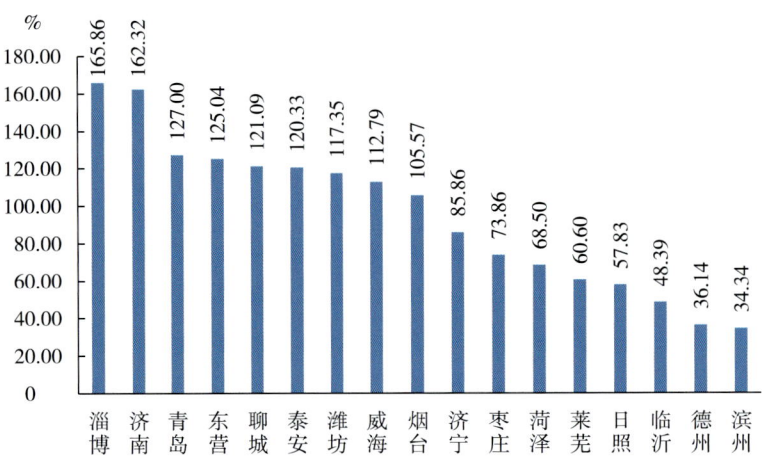

图2-23 当年评价值

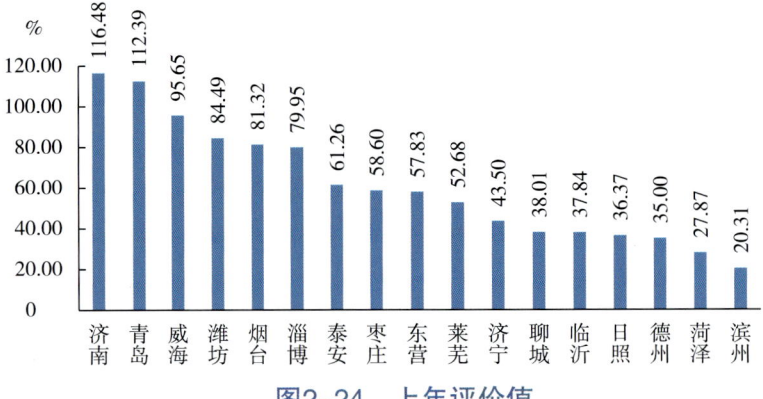

图2-24 上年评价值

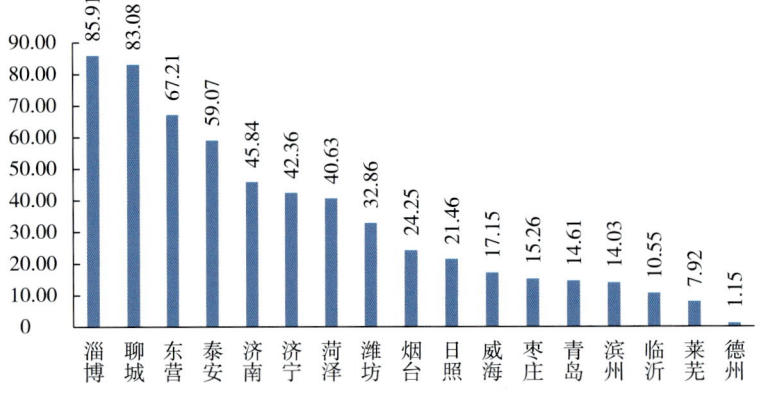

图2-25 当年评价值比上年评价值提高百分点

6. 每亿元 GDP 发明专利申请数（图 2-26 至图 2-28）

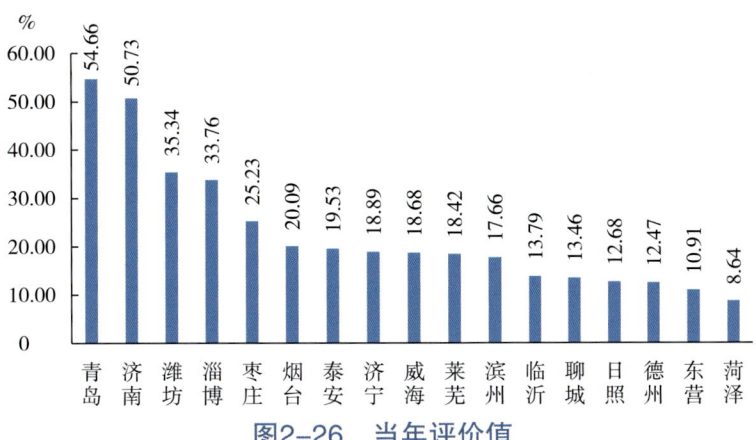

图2-26　当年评价值

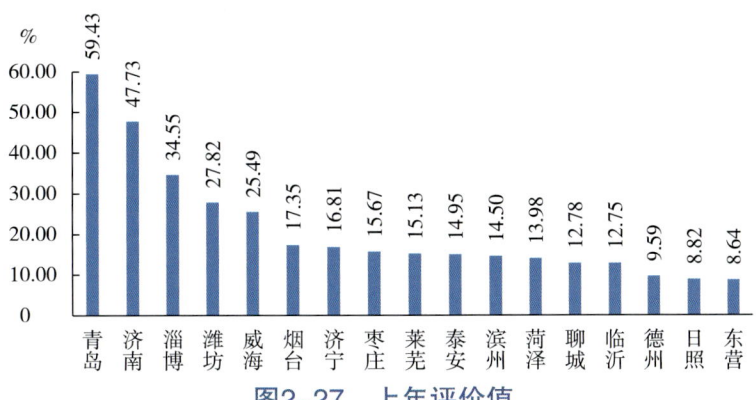

图2-27　上年评价值

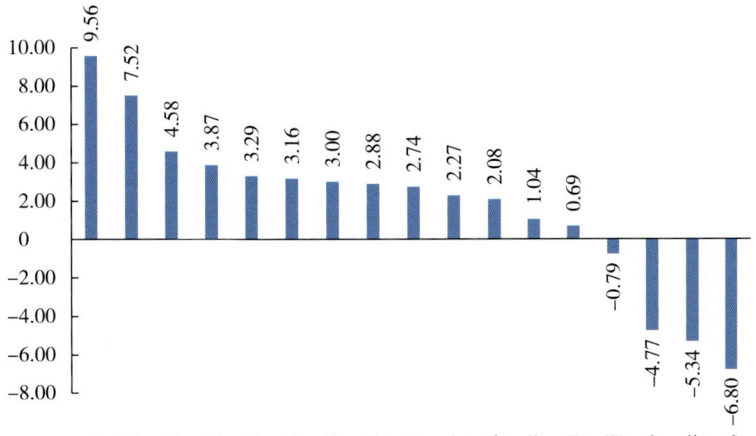

图2-28　当年评价值比上年评价值提高百分点

7. 每万人发明专利拥有量（图 2-29 至图 2-31）

图2-29　当年评价值

图2-30　上年评价值

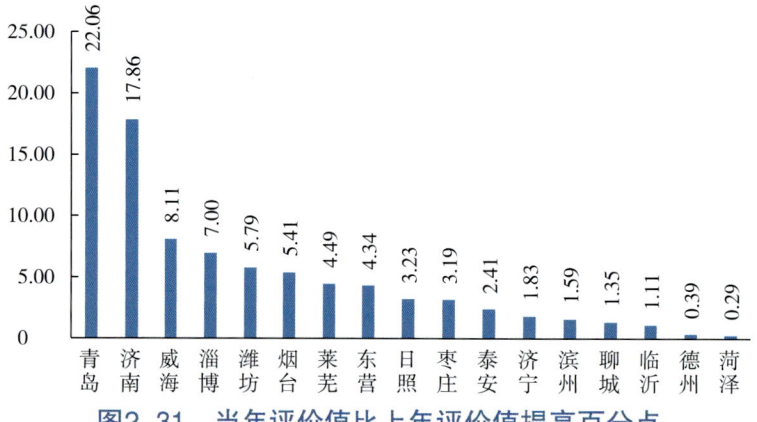

图2-31　当年评价值比上年评价值提高百分点

8. 规模以上工业企业 R&D 经费支出占主营业务收入的比重（图 2-32 至图 2-34）

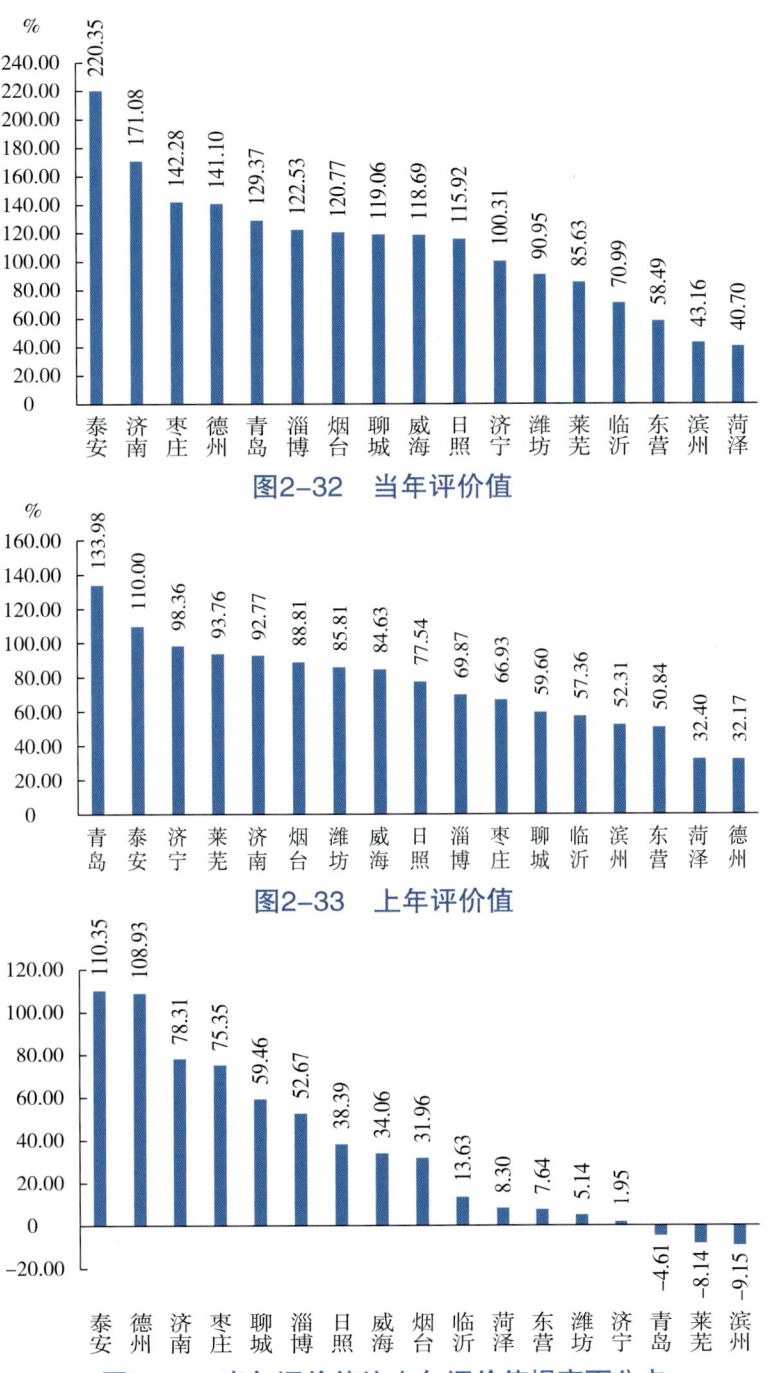

图2-32　当年评价值

图2-33　上年评价值

图2-34　当年评价值比上年评价值提高百分点

9. 规模以上工业企业 R&D 人员占规模以上工业企业从业人员比重（图 2-35 至图 2-37）

图2-35　当年评价值

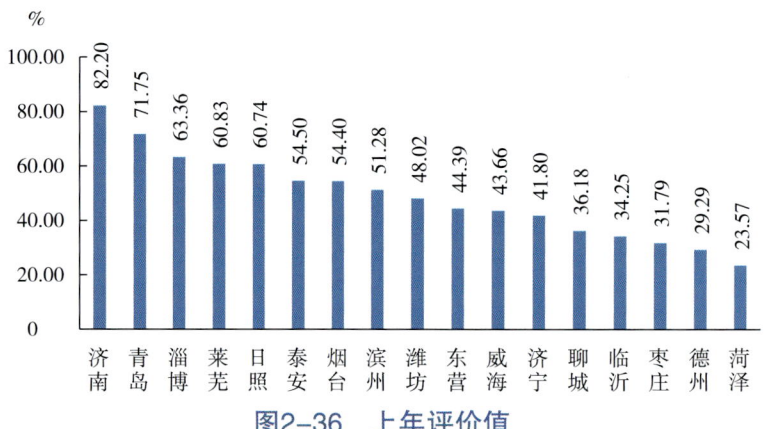

图2-36　上年评价值

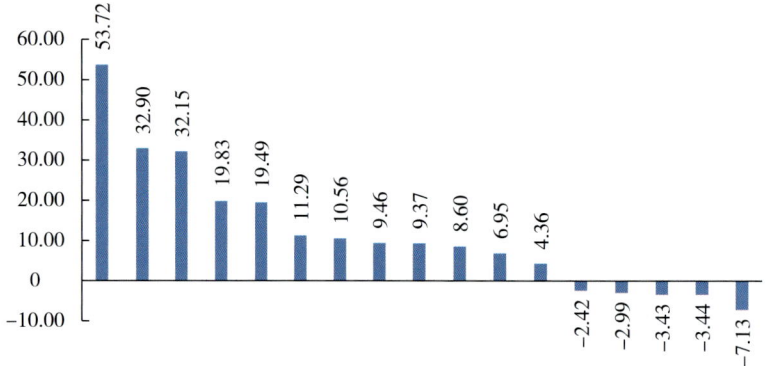

图2-37　当年评价值比上年评价值提高百分点

10. 高新技术企业数量占规模以上工业企业数量比重（图2-38至图2-40）

图2-38　当年评价值

图2-39　上年评价值

图2-40　当年评价值比上年评价值提高百分点

11. 有研发机构的规模以上工业企业占规模以上工业企业比重（图2-41至图2-43）

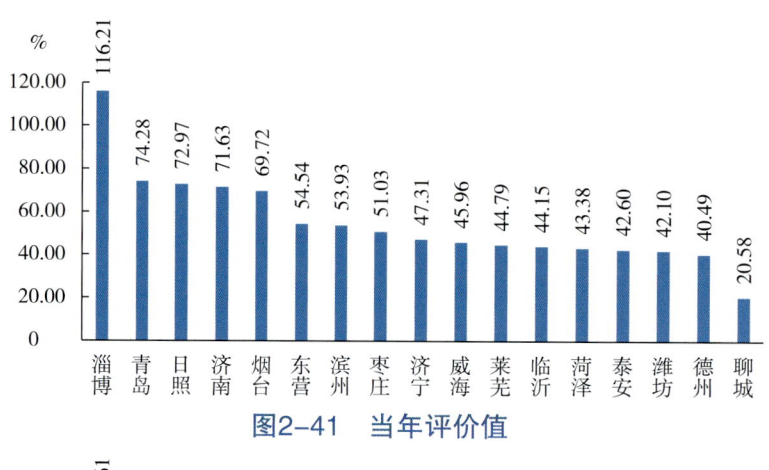

图2-41　当年评价值

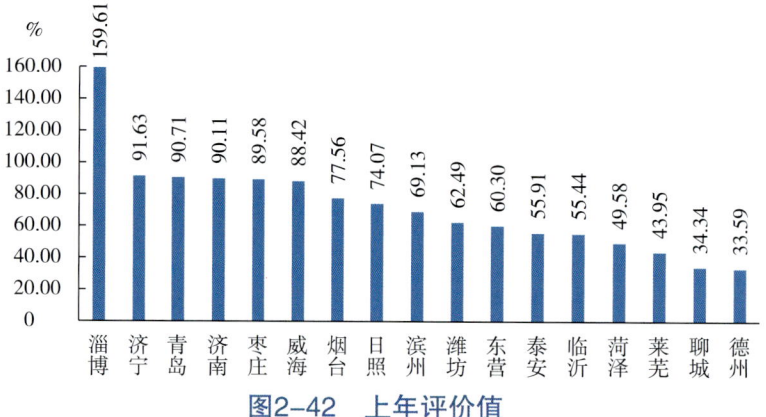

图2-42　上年评价值

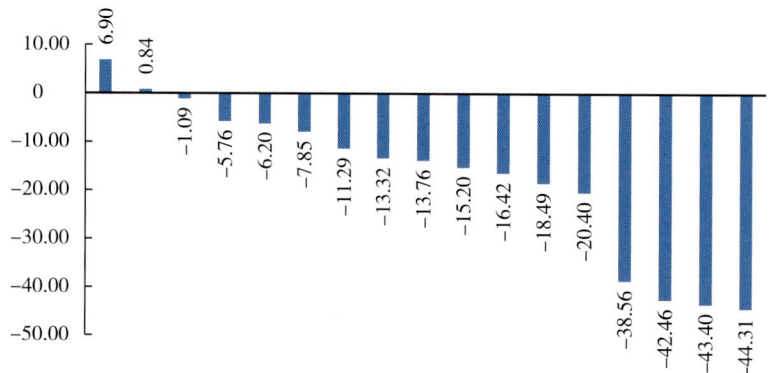

图2-43　当年评价值比上年评价值提高百分点

12. 规模以上工业企业新产品销售收入占主营业务收入比重（图2-44至图2-46）

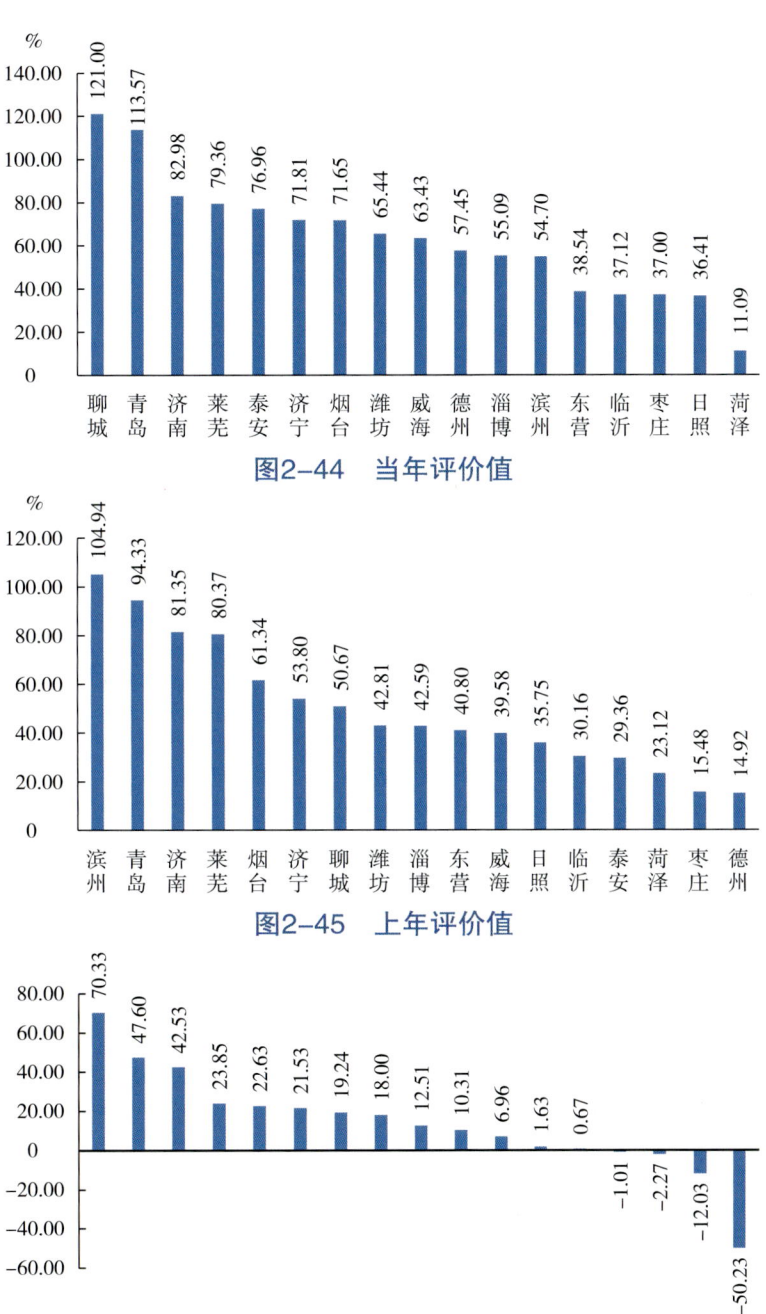

图2-44　当年评价值

图2-45　上年评价值

图2-46　当年评价值比上年评价值提高百分点

13. 高新技术产业产值占规模以上工业总产值比重（图2-47至图2-49）

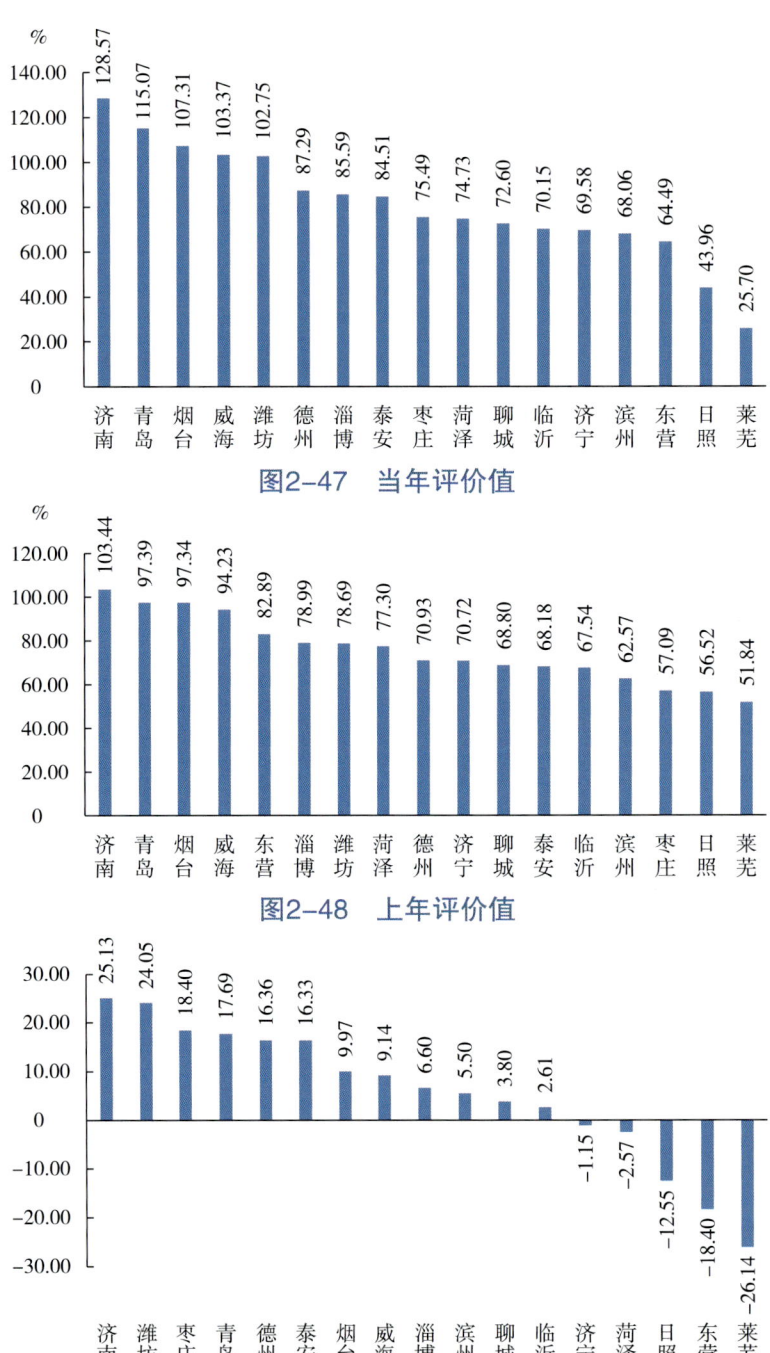

图2-47　当年评价值

图2-48　上年评价值

图2-49　当年评价值比上年评价值提高百分点

14. 全员劳动生产率（图 2–50 至图 2–52）

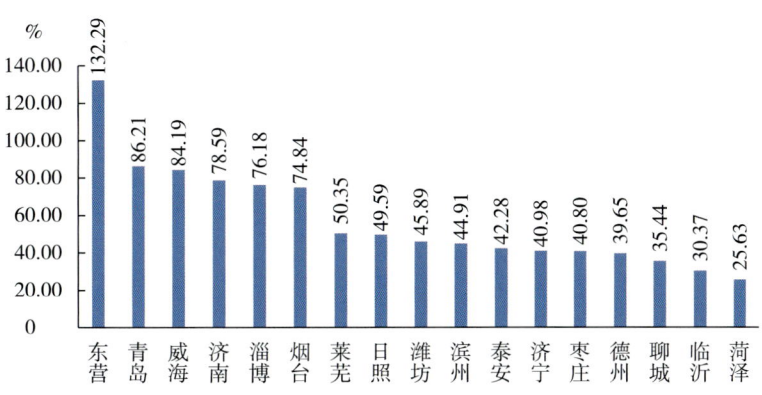

图2-50　当年评价值

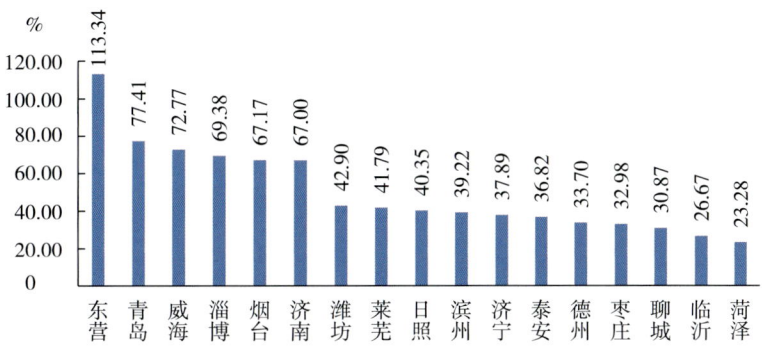

图2-51　上年评价值

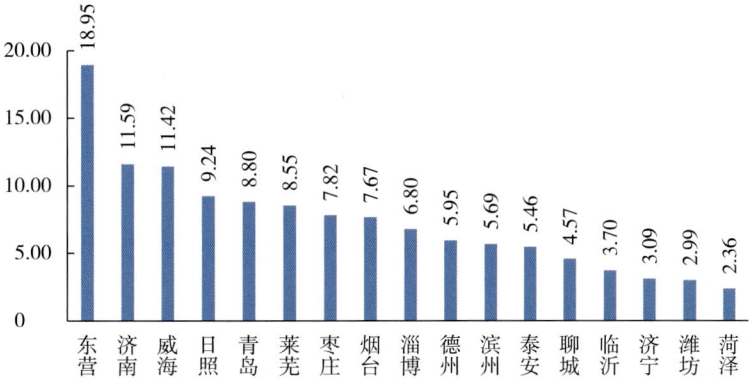

图2-52　当年评价值比上年评价值提高百分点

15. 万元 GDP 综合能耗较上年降低率（图 2-53 至图 2-55）

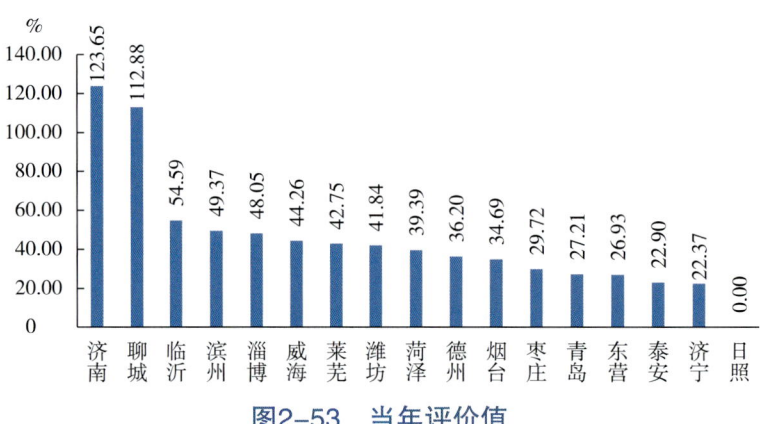

图2-53　当年评价值

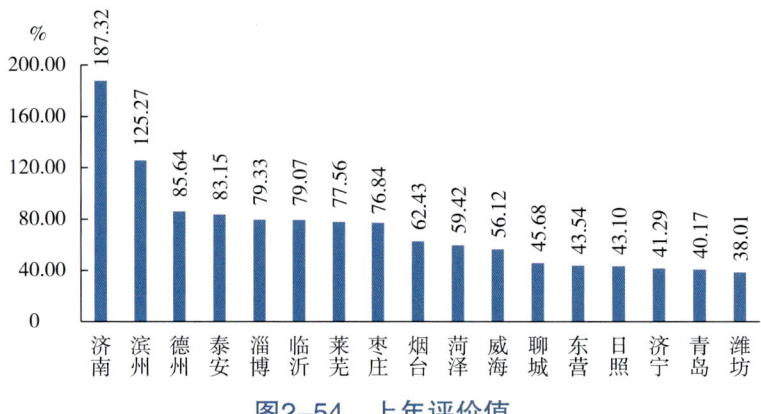

图2-54　上年评价值

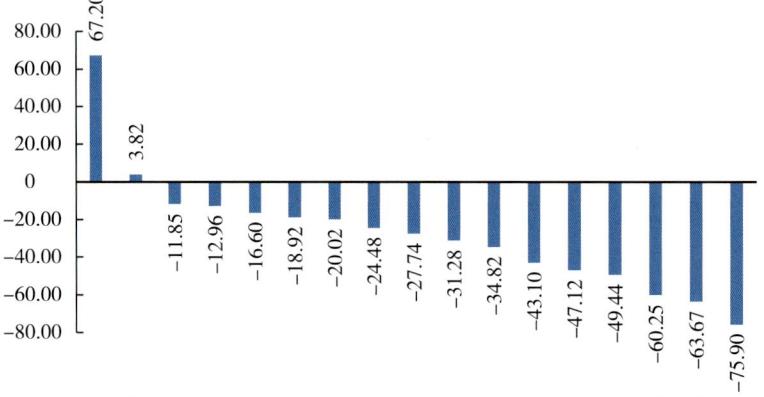

图2-55　当年评价值比上年评价值提高百分点

16. 研发费用加计扣除减免税占企业研发经费的比重（图 2-56 至图 2-58）

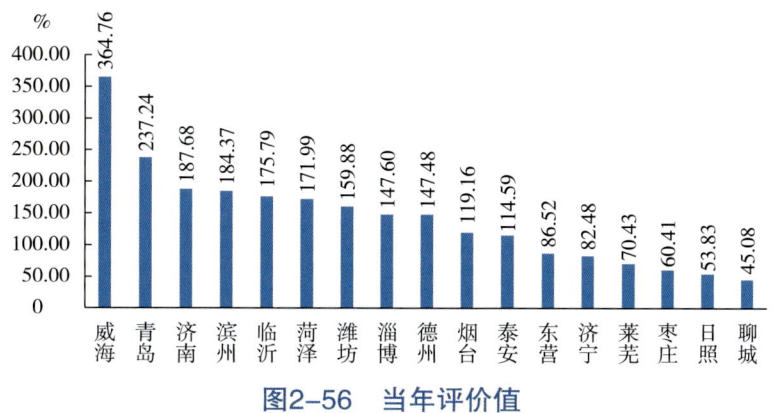

图2-56　当年评价值

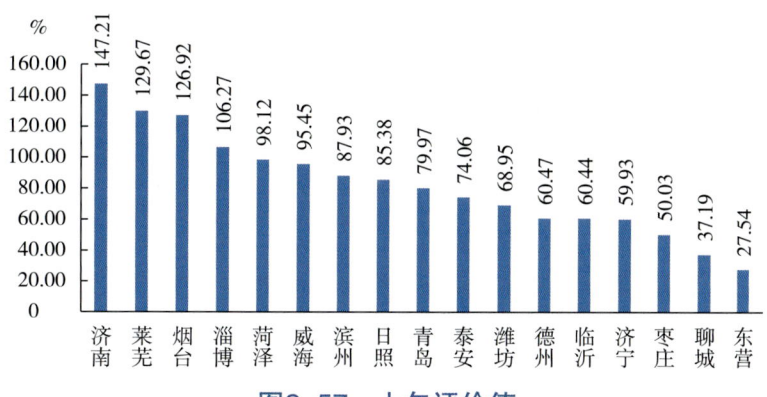

图2-57　上年评价值

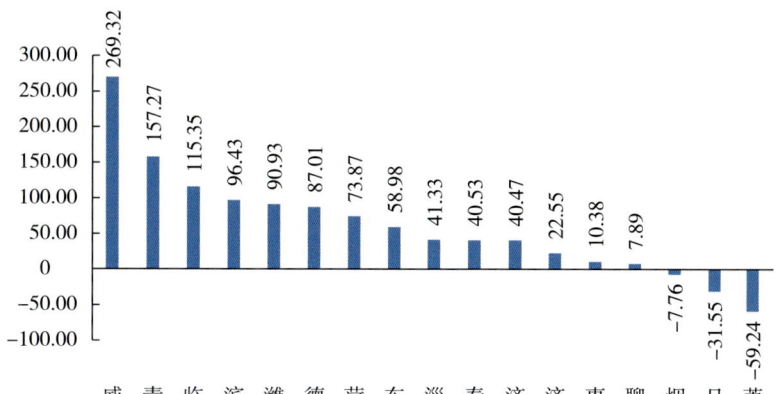

图2-58　当年评价值比上年评价值提高百分点

17. 每万名就业人员累计孵化企业数（图 2-59 至图 2-61）

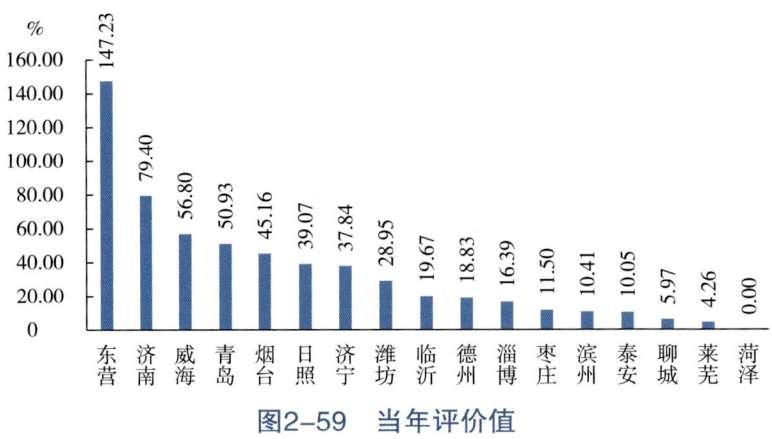

图2-59　当年评价值

图2-60　上年评价值

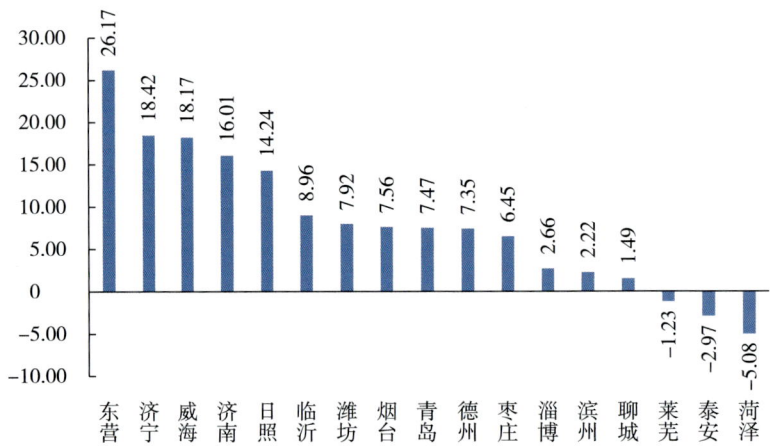

图2-61　当年评价值比上年评价值提高百分点

18. 科学研究和技术服务业平均工资比较系数（图 2-62 至图 2-64）

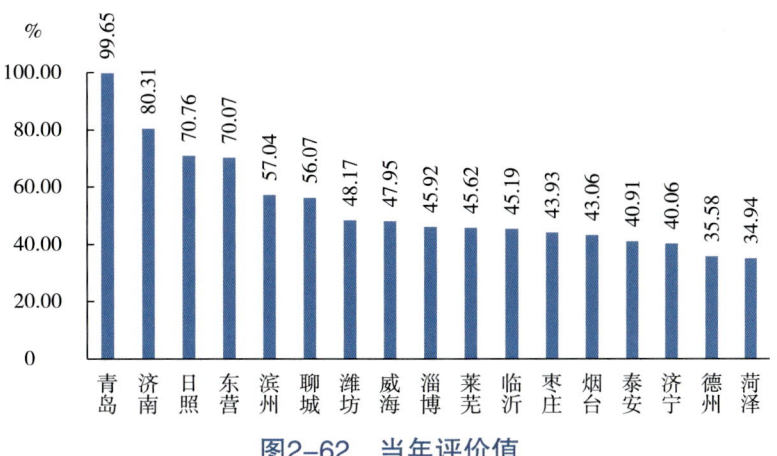

图2-62　当年评价值

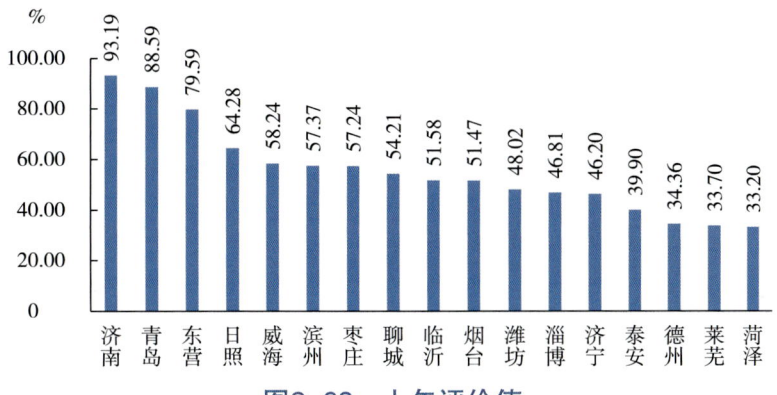

图2-63　上年评价值

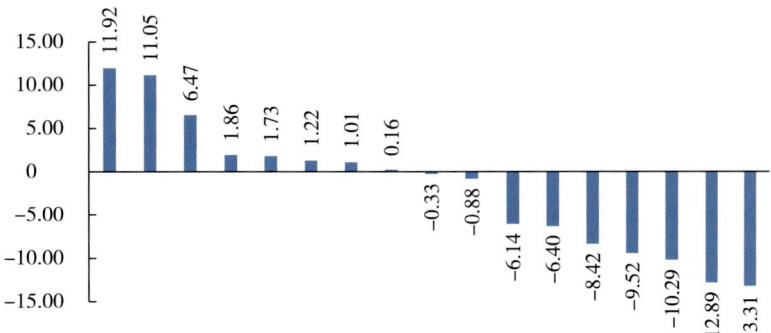

图2-64　当年评价值比上年评价值提高百分点

19. 实际使用外资金额占地区 GDP 比重（图 2-65 至图 2-67）

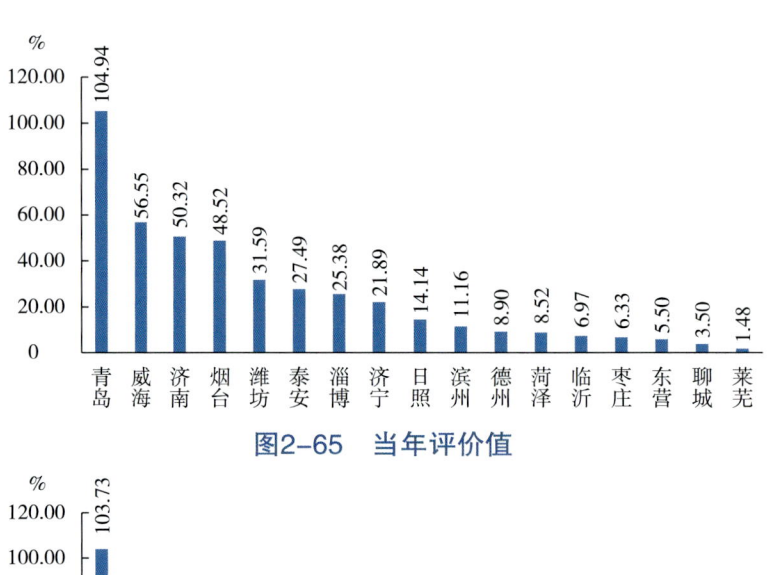

图2-65　当年评价值

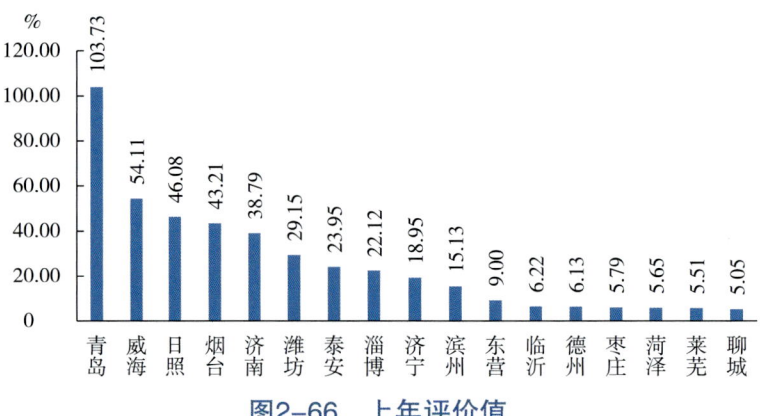

图2-66　上年评价值

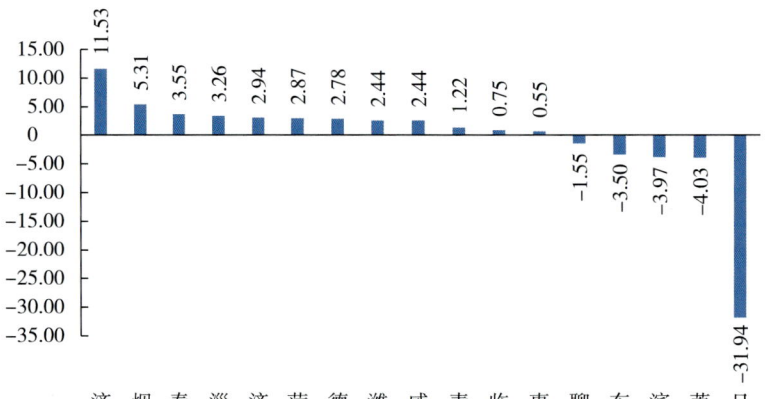

图2-67　当年评价值比上年评价值提高百分点

20. 每万人互联网宽带接入用户数（图2–68至图2–70）

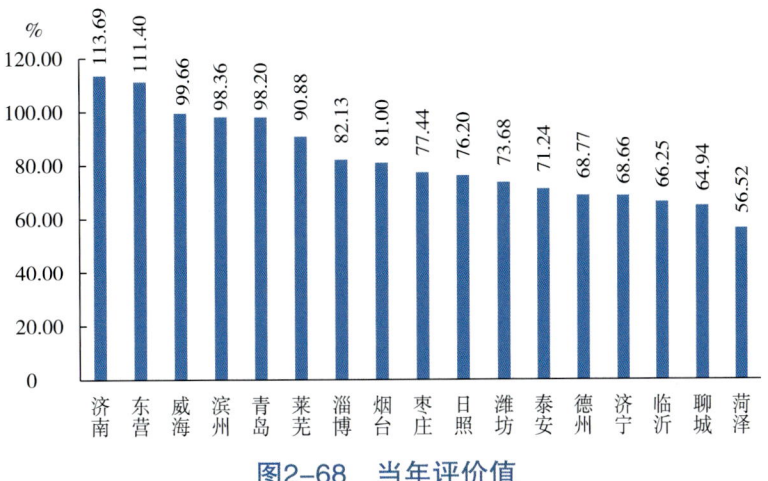

图2-68　当年评价值

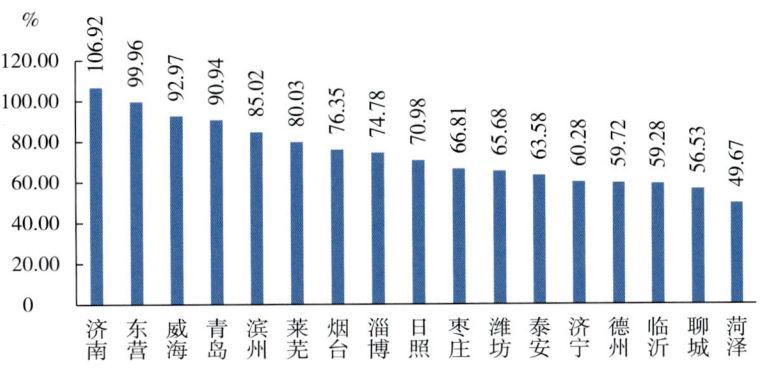

图2-69　上年评价值

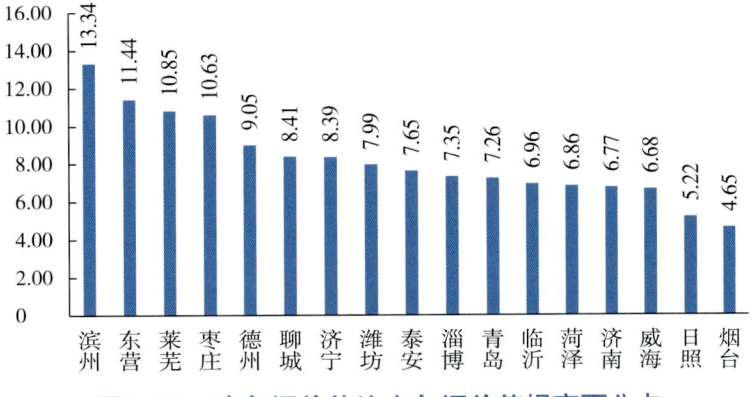

图2-70　当年评价值比上年评价值提高百分点

第三部分　区域综合科技创新水平分析

一、济南市

（一）科技创新发展情况

2018年是济南市"四个中心"建设的突破之年。大力实施创新驱动发展战略，坚持新发展理念，推动高质量发展，取得显著成效。制定出台"科技新11条""高校20条""人才新政30条"等实施细则49项。先后引进中国科学院苏州生物医学工程技术研究所、工程热物理研究所、植物基因编辑团队，意大利国立科学院技术转移中心等研发和成果转化机构103家，实现了历史性跨越。济南市综合科技创新水平指数为112.32%，继续保持全省第1位，与上年相比，提高了12.83个百分点。

企业创新能力明显增强。企业创新指数较上年提高38.42个百分点。企业研发人力投入远远高于全省其他各市，是全省平均水平的2倍多。高新技术企业无论数量还是占比均居全省第2位。

创新产出效率显著提升。创新产出指数较上年提高22.23个百分点。每亿元GDP年登记技术合同成交额虽位次较上年下降1位，但指数增长幅度较大；每亿元GDP发明专利申请量保持全省第2位。

创新资源优势明显。创新资源指数较上年提高1.23个百分点。全社会研发经费支出占 GDP 比重较上年提升 3 位；地方财政科技支出占公共财政支出比重较上年提升 1 位。基础研究经费支出占 R&D 经费支出下降 1 位。地方财政科技支出占公共财政支出的比重近年一直在第 9～第 10 位徘徊。应深化财政科技投入机制改革，加大财政科技投入力度。

创新环境需进一步优化。创新环境指数较上年略有下降。研发费用加计扣除减免税占企业研发经费的比重由全省第 1 位下降至第 3 位，位次下降 2 位，应进一步加强普惠性科技创新政策的宣传与落实。

创新绩效下降。创新绩效指数下降 6.74 个百分点。万元 GDP 综合能耗较上年降低率虽列全省首位，但降低幅度收窄，应注意产业结构、能源结构的进一步优化。

图 3-1 所示为济南市一级评价指标与上年水平比较情况。

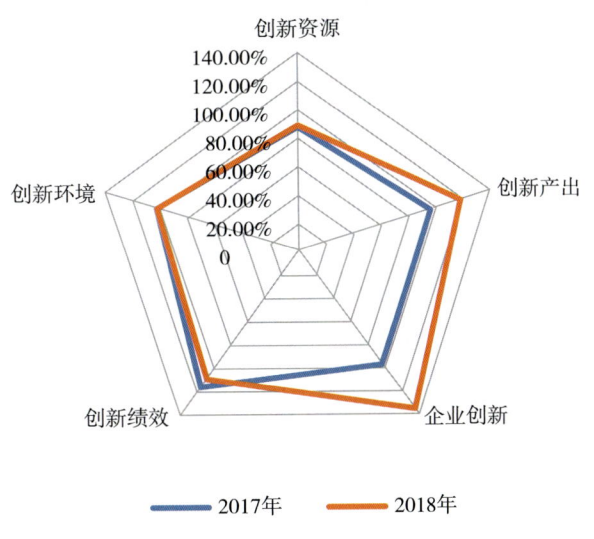

图 3-1 济南市一级评价指标与上年水平比较

（二）创新发展主要指标分析及位次

地区生产总值（GDP）7856.56 亿元，居全省第 2 位，比上年增长 9.86%，增速高于全省平均水平。全员劳动生产率 18.53 万元/人，居全省第 4 位；万元 GDP 综合能耗较上年降低率达 12.29%，居全省第 1 位。

每万名就业人员中研发人员数达127.00人年，列全省第1位；规模以上工业企业R&D人员占规模以上工业企业从业人员比重达到13.15%，居全省第1位。

全社会R&D经费支出208.60亿元，比上年增长12.66%；占GDP比重为2.66%，较上年提高0.07个百分点，占比跃居全省第2位；R&D经费中基础研究经费占比达到6.91%，居全省第2位；地方财政科技支出占公共财政支出的比重为2.07%，比上年提高0.52个百分点，居全省第9位；规模以上工业企业R&D经费支出占主营业务收入比重为2.55%，比上年提高1.17个百分点，跃居全省第2位。

高新技术企业1547家，比上年增加473家，总数居全省第2位。高新技术企业数量占规模以上工业企业数量比重达到81.64%，居全省第2位。高新技术产业产值同比增长13.40%，高于全省平均增长速度；占规模以上工业总产值的比重达56.12%，比上年提高10.97个百分点，居全省第1位。

科技创新载体605家，其中省级重点实验室91家、省级工程技术研究中心334家、省级技术创新中心2家、省级以上科技企业孵化器41家、省级以上众创空间127家、国家技术转移示范机构10家。

每亿元GDP发明专利申请数达到1.74件，较上年提高0.10件；每万人发明专利拥有量29.28件，较上年增加3.70件，居全省第1位；年登记技术合同成交额130.37亿元，较上年增长53.09%。

随着营商环境的优化，实际使用外资额27.28亿美元，占GDP的比重达到2.30%，比上年提高0.53个百分点。

表3-1所示为济南市各级指标值和位次与上年比较情况。

（三）产业发展情况

三次产业稳步增长。农业生产总体稳定；工业经济平稳增长；服务业优势持续增强，服务业实现增加值同比增长7.8%，对全市经济的贡献率为58.3%。

新动能加快成长。高端装备制造产业实现增加值增长11.1%，占全部规模以上工业增加值的比重为27.1%。高技术产业实现增加值增长17.8%，高于全市平均水平（7.7%）。

新动能产品增势较好。数控金属成形机床产量同比增长10.6%，聚丙烯树脂产量增长26.5%，工业机器人增长38.9%，生产电子工业专用设备增长52.0%。

引领动能转换的创新成果落地转化。量子计算与量子雷达、量子芯片实现产业化，新一代神威E级原型机系统在国家超算济南中心正式启用；重汽全球首款无人驾驶电动卡车投入运营，浪潮服务器市场占有率稳居全球前3位，齐鲁制药居中国生物药研发50强首位。

当前，经济发展不平衡不充分的问题依然存在，经济下行压力较大，重点行业增速回落。

今后，依托新旧动能转换发展机遇，推动互联网、大数据、人工智能和实体经济深度融合，加快发展新能源汽车、节能环保装备、生物制药等高端智能制造、战略性新兴产业，在创新引领、绿色低碳、现代供应链等领域培育新的增长点。

表 3-1　济南市各级指标值和位次与上年比较

指标名称	指标值		位次	
	上年	当年	上年	当年
综合科技创新水平指数（%）	99.50	112.32	1	1
创新资源指数（%）	87.94	89.17	1	1
全社会研发（R&D）经费支出占地区生产总值（GDP）的比重（%）	2.59	2.66	5	2
地方财政科技支出占公共财政支出的比重（%）	1.55	2.07	10	9
每万名就业人员中研发人员数（人年）	110.85	127.00	1	1
基础研究经费支出占 R&D 经费支出的比重（%）	8.26	6.91	1	2
创新产出指数（%）	95.89	118.12	1	1
每亿元 GDP 年登记技术合同成交额（万元）	119.08	165.94	1	2
每亿元 GDP 发明专利申请数（件）	1.64	1.74	2	2
每万人发明专利拥有量（件）	25.58	29.28	1	1
企业创新指数（%）	96.69	135.11	2	1
规模以上工业企业 R&D 经费支出占主营业务收入的比重（%）	1.38	2.55	5	2
规模以上工业企业 R&D 人员占规模以上工业企业从业人员比重（%）	7.95	13.15	1	1
高新技术企业数量占规模以上工业企业数量比重（%）	52.29	81.64	2	2
有研发机构的规模以上工业企业占规模以上工业企业比重（%）	12.41	9.87	4	4
规模以上工业企业新产品销售收入占主营业务收入比重（%）	20.69	21.10	3	3
创新绩效指数（%）	115.42	108.68	1	1
高新技术产业产值占规模以上工业总产值比重（%）	45.15	56.12	1	1
省级以上高新区规模以上工业主营业务收入占全市规模以上工业主营业务收入比重（%）	33.23	33.23	1	1
全员劳动生产率（万元/人）	15.80	18.53	6	4
万元 GDP 综合能耗上年降低率（%）	18.62	12.29	1	1
创新环境指数（%）	102.68	102.28	1	3
研发费用加计扣除减免税占企业研发经费的比重（%）	4.04	5.15	1	3
每万名就业人员累计孵化企业数（个）	3.69	4.62	2	2
科学研究和技术服务业平均工资比较系数（%）	163.54	140.93	1	2
实际使用外资金额占地区 GDP 比重（%）	1.77	2.30	5	3
每万人互联网宽带接入用户数（万户）	0.39	0.41	1	1

注：因统计口径变化，省级以上高新区规模以上工业主营业务收入占全市规模以上工业主营业务收入比重数据采用 2017 年数据。下同。

第三部分 区域综合科技创新水平分析

二、青岛市

（一）科技创新发展情况

2018年，青岛市深入贯彻实施创新驱动发展战略，围绕新发展理念要求，着力抓好创新资源集聚、科技成果转化和新兴产业培育等重点工作。海洋试点国家实验室一批科研成果取得突破，国家高速列车技术创新中心5个重点项目签约入驻，中科院海洋大科学研究中心获批建设，建设高端研发机构50家，带动人工智能、基因检测、航空航天等新兴产业发展。出台科技型企业培育"百千万"工程实施意见，重点扶持百家高成长性高新技术企业，培育5000家"千帆"企业，带动超过10 000家科技型小微企业发展壮大。青岛市综合科技创新水平指数为103.63%，较上年提高14.91个百分点，保持全省第2位。

创新环境持续优化。创新环境指数较上年提高42.45个百分点，居全省第2位。研发费用加计扣除减免税占企业研发经费的比重由上年的第9位跃升至第2位。科学研究和技术服务业平均工资比较系数上升到全省第1位。

企业创新能力进一步增强。企业创新指数较上年提高19.95个百分点，居全省第2位。高新技术企业无论数量还是占比均保持全省领先，居全省第1位。有研发机构的规模以上工业企业占规模以上工业企业的比重位次较上年上升1位。

创新产出效率提高。创新产出指数106.47%，居全省第2位。每亿元GDP年登记技术合同成交额较上年提高，但位次下降1位；每万人发明专利拥有量保持全省第2位；每亿元GDP发明专利申请数下降，但位次仍保持全省第1位。

创新资源优势明显。创新资源指数84.41%，居全省第2位。全社会研发经费规模和研发人员总量均居全省第1位，但全社会研发经费支出占GDP比重由上年的第1位下降至第5位；与此相对应的规模以上工业企业R&D经费支出占主营业务收入的比重亦由上年第1位降至第5位。规模以上工业企业R&D人员占规模以上工业企业从业人员比重由全省第2位降至第4位。应在人力和资金两方面同时加大研发投入力度，尤其是企业研发经费和研发人力，加强相关政策的宣传，激发企业的创新活力。地方财政科技支出占公共财政支出的比重近年保持全省第5位，应加大财政科技投入力度。

万元GDP综合能耗较上年降低率虽由上年的第16位上升至第13位，但降幅收窄，说明节能降耗压力在增大，产业结构调整需要发力。

图3-2所示为青岛市一级评价指标与上年水平比较情况。

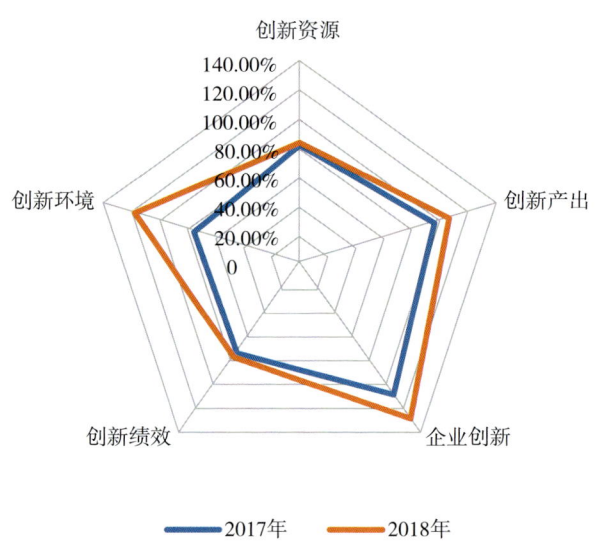

图3-2 青岛市一级评价指标与上年水平比较

（二）创新发展主要指标分析及位次

地区生产总值（GDP）12 001.52亿元，居全省第1位，比上年增长8.87%；全员劳动生产率20.33万元/人，居全省第2位；万元GDP综合能耗较上年降低率为2.70%，居全省第13位。

每万名就业人员中研发人员数94.97人年，居全省第3位；地区R&D人员56 057.9人年，居全省第1位。规模以上工业企业R&D人员占规模以上工业企业从业人员比重达到 8.86%，居全省第 4 位。

全社会 R&D 经费支出 282.20 亿元，同比减少 8.11%；占 GDP 比重为 2.35%，占比居全省第 5 位；基础研究经费达到 19.72 亿元，占 R&D 经费支出的比重为 6.99%，居全省首位；地方财政科技支出占公共财政支出的比重为 2.89%，比上年提高 0.14 个百分点，居全省第 5 位；规模以上工业企业 R&D 经费支出占主营业务收入比重为 1.93%，比上年下降 0.07 个百分点，居全省第 5 位。

高新技术企业 3112 家，比上年增加 1059 家，总数居全省第 1 位。高新技术企业数量占规模以上工业企业数量比重达到 88.71%，居全省第 1 位。高新技术产业产值同比增长 12.12%，占规模以上工业总产值的比重达 50.23%，比上年提高 7.72 个百分点，居全省第 2 位。

科技创新载体 243 家，其中省级重点实验室 43 家、省级工程技术研究中心 82 家、省级技术创新中心 1 家、省级以上科技企业孵化器 20 家、省级以上众创空间 84 家、国家技术转移示范机构 13 家。

每亿元 GDP 发明专利申请数达到 1.88 件，较上年下降 0.16 件，居全省第 1 位；每万人发明专利拥有量 28.54 件，较上年增加 4.57 件，居全省第 2 位；年登记技术合同成交额 155.82 亿元，较上年增长 23.02%，居全省第 1 位。

研发费用加计扣除减免税 13.23 亿元，占企业研发经费的比重达到 6.51%，居全省第 2 位，比上年提高 4.32 个百分点。实际使用外资 86.93 亿美元，占 GDP 比重为 4.79%，无论是总量还是占比均居全省第 1 位。

表 3-2 所示为青岛市各级指标值和位次与上年比较情况。

（三）产业发展情况

三次产业稳步增长。农业生产总体稳定，新型农业经营主体快速发展。工业稳中提速，全市规模以上工业增加值增长 6.8%。服务业主导行业增速较快，对经济增长的贡献率持续提高。

新经济业态加快培育。高技术产业增加值增长 6.9%，其中，高技术制造业增加值增长 3.3%，高技术服务业增加值增长 10.0%。战略性新兴产业增加值增长 3.3%，其中，工业战略性新兴产业增加值增长 5.0%，服务业战略性新兴产业增加值增长 8.6%。

创新政策引领成效明显。出台新旧动能转换科技创新行动计划，遴选新一代信息技术等五大产业方向精准发力，支撑新兴产业加快发展。

当前，产业转型升级中面临问题比较突出。传统产业数量占比近七成，但盈利能力较低；以汽车制造、计算机通信、铁路运输、货币金融服务等为主体的优势产业数量不足两成；以海洋工程、海水淡化、高效节能等为主体的特色产业、新兴产业在企业数量、营业收入、利润和税收等方面作用不突出；未来产业尚未形成规模。成长性较好的大企业数量增长趋缓，经济发展动力不足。

今后，从抓好"数字经济、智慧青岛"建设入手，重点发展现代海洋、轨道交通装备、生物医药、智能交通、智能电网、智能物流等重点产业。在船舶海工、铁路运输设备、海水淡化等领域做优做强多个 500 强企业和千亿级产业链。对于互联网服务、生物医药、新材料、节能环保、数字创意产业等新兴未来产业，加快实施核心关键技术突破工程，支持培育企业创建省级以上技术中心、工程技术（研究）中心和重点实验室，培育"独角兽""瞪羚"企业，打造新的增长极。

区域综合科技创新水平分析 | 第三部分

表 3-2 青岛市各级指标值和位次与上年比较

指标名称	指标值		位次	
	上年	当年	上年	当年
综合科技创新水平指数（%）	88.71	103.63	2	2
创新资源指数（%）	82.69	84.41	2	2
全社会研发（R&D）经费支出占地区生产总值（GDP）的比重（%）	2.79	2.35	1	5
地方财政科技支出占公共财政支出的比重（%）	2.75	2.89	5	5
每万名就业人员中研发人员数（人年）	82.72	94.97	2	3
基础研究经费支出占 R&D 经费支出的比重（%）	4.82	6.99	2	1
创新产出指数（%）	95.83	106.47	2	2
每亿元 GDP 年登记技术合同成交额（万元）	114.89	129.83	2	3
每亿元 GDP 发明专利申请数（件）	2.04	1.88	1	1
每万人发明专利拥有量（件）	23.97	28.54	2	2
企业创新指数（%）	108.30	128.25	1	2
规模以上工业企业 R&D 经费支出占主营业务收入的比重（%）	2.00	1.93	1	5
规模以上工业企业 R&D 人员占规模以上工业企业从业人员比重（%）	6.94	8.86	2	4
高新技术企业数量占规模以上工业企业数量比重（%）	57.52	88.71	1	1
有研发机构的规模以上工业企业占规模以上工业企业比重（%）	12.50	10.23	3	2
规模以上工业企业新产品销售收入占主营业务收入比重（%）	23.99	28.88	2	2
创新绩效指数（%）	73.25	76.63	2	2
高新技术产业产值占规模以上工业总产值比重（%）	42.51	50.23	2	2
省级以上高新区规模以上工业主营业务收入占全市规模以上工业主营业务收入比重（%）	24.95	24.95	4	4
全员劳动生产率（万元/人）	18.25	20.33	2	2
万元 GDP 综合能耗较上年降低率（%）	3.99	2.70	16	13
创新环境指数（%）	75.74	118.19	3	2
研发费用加计扣除减免税占企业研发经费的比重（%）	2.19	6.51	9	2
每万名就业人员累计孵化企业数（个）	2.53	2.96	3	4
科学研究和技术服务业平均工资比较系数（%）	155.46	174.86	2	1
实际使用外资金额占地区 GDP 比重（%）	4.74	4.79	1	1
每万人互联网宽带接入用户数（万户）	0.33	0.36	4	5

三、淄博市

（一）科技创新发展情况

2018年，淄博市深入实施创新驱动发展战略，科技创新实力显著增强。创新型城市建设步伐加快，研发投入实现历史性突破，高新技术企业培育实现跨越式发展，科技成果转化成果丰硕，科技金融融合发展。先后出台创新型城市建设、高新技术企业培育、高新技术产业、科技成果转化、科技人才等一系列文件，各项工作全面推进。淄博市综合科技创新水平指数为75.94%，居全省第3位，较上年提高10.17个百分点。

创新产出效率明显提升。创新产出指数较上年提高30.70个百分点。每亿元GDP年登记技术合同成交额由上年第6位跃升至第1位。

企业创新能力日益增强。企业创新指数86.35%，较上年提高13.63个百分点。规模以上工业企业R&D经费支出占主营业务收入的比重由上年的第10位上升至第6位；有研发机构的规模以上工业企业占规模以上工业企业比重近几年保持全省首位。

创新资源优势明显。创新资源指数70.56%，较上年提高7.48个百分点。全社会研发经费支出占GDP比重由上年的第10位上升至第3位；基础研究经费占比由上年第5位上升至第3位。财政科技投入与科技创新整体实力不相称。地方财政科技支出总量及占公共财政支出的比重在全省的位次均不高，应加大财政科技投入的力度。

创新绩效下降。创新绩效指数下降4.47个百分点，居全省第4位。万元GDP综合能耗降低率收窄，未来节能降耗和降耗成本会增大，应加快推进产业结构调整进程。

图3-3所示为淄博市一级评价指标与上年水平比较情况。

第三部分 区域综合科技创新水平分析

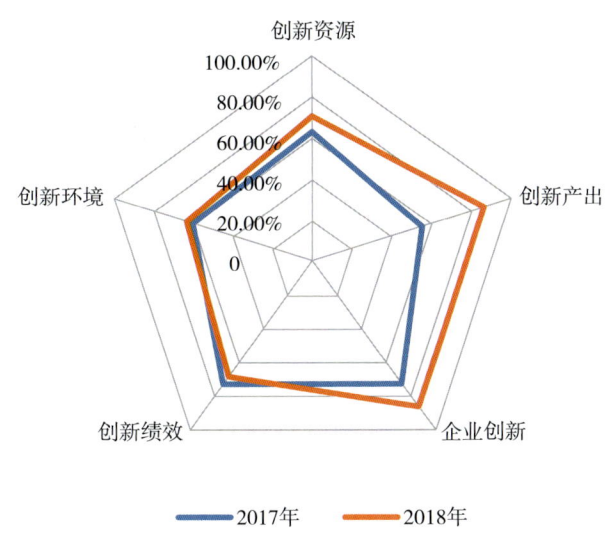

图 3-3 淄博市一级评价指标与上年水平比较

（二）创新发展主要指标分析及位次

地区生产总值（GDP）5068.35 亿元，居全省第 5 位，比上年增长 6.22%；全员劳动生产率 17.97 万元/人，居全省第 5 位；万元 GDP 综合能耗较上年降低率为 4.78%，居全省第 5 位。

每万名就业人员中研发人员数 97.01 人年，居全省第 2 位；地区 R&D 人员 27 366.7 人年，居全省第 4 位。规模以上工业企业 R&D 人员占规模以上工业企业从业人员比重达到 9.31%，居全省第 2 位。

全社会 R&D 经费支出 133.68 亿元，同比增长 13.78%；占 GDP 比重为 2.64%，比上年提高 0.18 个百分点，占比居全省第 3 位，比上年提升 7 位。基础研究经费 3.59 亿元，占 R&D 经费支出的比重为 2.69%，居全省第 3 位。地方财政科技支出占公共财政支出的比重为 2.32%，比上年提高 0.14 个百分点，居全省第 8 位；规模以上工业企业 R&D 经费支出占主营业务收入比重达到 1.83%，比上年提高 0.78 个百分点，居全省第 6 位。

高新技术企业 383 家，比上年增加 101 家，总数居全省第 7 位。高新技术企业数量占规模以上工业企业数量比重为 15.89%，居全省第 9 位。高新技术

57

产业产值同比增长14.44%,占规模以上工业总产值的比重达37.36%,比上年提高2.88个百分点,居全省第7位。

科技创新载体173家,其中省级重点实验室9家、省级工程技术研究中心125家、省级以上科技企业孵化器7家、省级以上众创空间32家。

每亿元GDP发明专利申请数为1.16件,较上年下降0.03件,居全省第4位;每万人发明专利拥有量12.19件,较上年增加1.45件,居全省第3位。年登记技术合同成交额85.94亿元,较上年增长120.36%,居全省第3位。

研发费用加计扣除减免税4.84亿元,占企业研发经费的比重达到4.05%,比上年提高1.13个百分点。实际使用外资8.88亿美元,占GDP比重为1.16%,居全省第7位。

表3-3所示为淄博市各级指标值和位次与上年比较情况。

(三) 产业发展情况

三次产业稳步发展。农业生产平稳,规模以上工业增加值增速由年初的-1.1%提高到全年的6.9%。服务业增加值占GDP比重达到45%。

新旧动能转换加速推进。高技术工业增加值增长10.9%,占规模以上工业的11.8%,成为工业增长的重要拉动力量。规模以上高技术服务业、战略性新兴服务业及科技服务业营业收入占规模以上服务业比重分别达到29.1%、20.9%、16.6%。

新产业、新业态蓬勃发展。启动文化消费试点平台"e文齐韵""文化消费""体验消费""场景消费"兴起,满足了大众消费升级需求。

当前,调结构与稳增长压力并存。产业结构调整乏力,服务业增长趋缓,传统产业转型缓慢,产业高端化任务较重,高端装备、新一代信息技术等产业增加值对全省的贡献率不足5%。新材料、智能装备、新医药、电子信息四强产业缺乏"航母型"企业和产业集群,在发展规模、质量、水平上亟须提升突破。

今后,以创新驱动发展为根本路径,支持推动每个产业园区至少与一家高校、科研院所合作攻克一批产业关键技术,加速推进制造业和现代服务业深度融合，培育发展智能制造、绿色制造、服务型制造等新型制造模式，建设一批智能化生产线和智慧互联企业、产业集群。加快突破四强产业，对六大优势传统产业进行升级改造。

表 3-3 淄博市各级指标值和位次与上年比较

指标名称	指标值 上年	指标值 当年	位次 上年	位次 当年
综合科技创新水平指数（%）	65.77	75.94	3	3
创新资源指数（%）	63.08	70.56	6	3
全社会研发（R&D）经费支出占地区生产总值（GDP）的比重（%）	2.46	2.64	10	3
地方财政科技支出占公共财政支出的比重（%）	2.19	2.32	7	8
每万名就业人员中研发人员数（人年）	80.95	97.01	3	2
基础研究经费支出占 R&D 经费支出的比重（%）	1.30	2.69	5	3
创新产出指数（%）	55.45	86.15	3	3
每亿元 GDP 年登记技术合同成交额（万元）	81.74	169.56	6	1
每亿元 GDP 发明专利申请数（件）	1.19	1.16	3	4
每万人发明专利拥有量（件）	10.74	12.19	3	3
企业创新指数（%）	72.72	86.35	3	4
规模以上工业企业 R&D 经费支出占主营业务收入的比重（%）	1.04	1.83	10	6
规模以上工业企业 R&D 人员占规模以上工业企业从业人员比重（%）	6.13	9.31	3	2
高新技术企业数量占规模以上工业企业数量比重（%）	10.75	15.89	10	9
有研发机构的规模以上工业企业占规模以上工业企业比重（%）	21.99	16.01	1	1
规模以上工业企业新产品销售收入占主营业务收入比重（%）	10.83	14.01	9	11
创新绩效指数（%）	73.03	68.56	3	4
高新技术产业产值占规模以上工业总产值比重（%）	34.48	37.36	6	7
省级以上高新区规模以上工业主营业务收入占全市规模以上工业主营业务收入比重（%）	20.60	20.60	5	5
全员劳动生产率（万元/人）	16.36	17.97	4	5
万元 GDP 综合能耗较上年降低率（%）	7.88	4.78	5	5
创新环境指数（%）	60.40	63.48	8	8
研发费用加计扣除减免税占企业研发经费的比重（%）	2.92	4.05	4	8
每万名就业人员累计孵化企业数（个）	0.80	0.95	9	11
科学研究和技术服务业平均工资比较系数（%）	82.14	80.59	12	9
实际使用外资金额占地区 GDP 比重（%）	1.01	1.16	8	7
每万人互联网宽带接入用户数（万户）	0.27	0.30	8	7

四、枣庄市

（一）科技创新发展情况

2018年，枣庄市按照"一条主线、两大目标、三大平台、四个机制、五项工作重点"的科技工作思路，凝心聚力，积极作为，大力实施"2311"科技创新行动计划，着力提升科技创新在新旧动能转换和高质量发展中的支撑引领作用。积极开展国家可持续发展议程创新示范区和中科院化工新材料技术创新与产业化基地建设，统筹推进科技创新体系和创新型城市建设。枣庄市综合科技创新水平指数为44.01%，居全省第15位，较上年提高2.99个百分点，位次下降2位。

企业创新能力进一步增强。企业创新指数提高15.29个百分点，位次上升3位；规模以上工业企业R&D经费支出占主营业务收入的比重位次上升8位，跃至全省第3位；规模以上工业企业R&D人员占规模以上工业企业从业人员比重位次上升3位；规模以上工业企业新产品销售收入占主营业务收入比重位次上升1位。

创新产出效率提升。创新产出指数38.16%，较上年提高9.34个百分点。每万人发明专利拥有量位次上升4位，每亿元GDP发明专利申请数位次上升3位。

创新资源劣势明显。创新资源指数27.22%，较上年下降4.21个百分点。全社会研发经费支出占GDP比重下降至第16位；每万名就业人员中研发人员数位次下降2位。应制定政策措施加大研发投入力度，开展研发经费相关政策的宣传，激发创新主体开展研发活动的积极性，合理配置创新资源。

创新绩效略有下降。创新绩效指数下降5.23个百分点。万元GDP综合能耗较上年降低率位次下降4位，降幅收窄，产业结构调整压力较大。

创新环境有待进一步优化。创新环境指数和位次下降，应加强普惠性科技创新政策的落实，提高研发人员的工资待遇，积极营造创新创业氛围。

图 3-4 所示为枣庄市一级评价指标与上年水平比较情况。

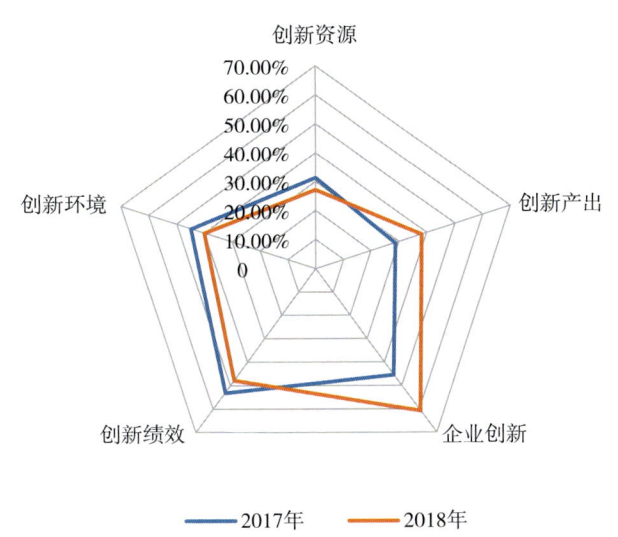

图 3-4　枣庄市一级评价指标与上年水平比较

（二）创新发展主要指标分析及位次

地区生产总值（GDP）2402.38 亿元，居全省第 15 位，比上年增长 4.28%；全员劳动生产率 9.62 万元/人，居全省第 13 位；万元 GDP 综合能耗较上年降低率为 2.95%，居全省第 12 位。

每万名就业人员中研发人员数 25.87 人年，居全省第 14 位；地区 R&D 人员 6459.8 人年，居全省第 14 位。规模以上工业企业 R&D 人员占规模以上工业企业从业人员比重为 3.98%，居全省第 12 位。

全社会 R&D 经费支出 33.12 亿元，同比减少 16.47%；占 GDP 比重为 1.38%，比上年下降 0.34 个百分点，占比居全省第 16 位。基础研究经费 0.17 亿元，占 R&D 经费支出的比重为 0.50%，居全省第 14 位。地方财政科技支出占公共财政支出的比重为 1.08%，比上年提高 0.22 个百分点，居全省第 13 位；规模以上工业企业 R&D 经费支出占主营业务收入比重达 2.12%，比上年提高 1.12 个百分点，占比居全省第 3 位。

高新技术企业 138 家，比上年增加 27 家，总数居全省第 14 位。高新技术企业数量占规模以上工业企业数量比重为12.13%，居全省第12位。高新技术产业产值同比增长12.54%，占规模以上工业总产值的比重达32.95%，比上年提高8.03个百分点，占比居全省第9位。

科技创新载体48家，其中省级重点实验室1家、省级工程技术研究中心24家、省级以上科技企业孵化器9家、省级以上众创空间13家、国家技术转移示范机构1家。

每亿元GDP发明专利申请数达到0.87件，较上年增加0.33件，居全省第5位；每万人发明专利拥有量3.19件，较上年增加0.66件，居全省第11位。年登记技术合同成交额18.14亿元，较上年增长31.45%，居全省第13位。

研发费用加计扣除减免税0.52亿元，占企业研发经费的比重达到1.66%，比上年提高0.28个百分点。实际使用外资1.05亿美元，占GDP比重0.29%，居全省第14位。

表3-4所示为枣庄市各级指标值和位次与上年比较情况。

（三）产业发展情况

三次产业结构日趋合理。农业生产总体平稳，工业运行稳定增长，规模以上工业增加值增长4.0%，服务业增加值增长4.8%。三次产业结构由2017年的6.5∶51.9∶41.6，调整为6.5∶50.8∶42.7。

经济发展新动能不断积累。装备制造业实现增加值同比增长5.8%，拉动规模以上工业增长0.8个百分点，生态保护和环境治理、居民服务、租赁和商务服务等新兴服务业保持快速发展。

园区产业发展步伐加快。高端装备、高端化工等六大特色优势产业主营业务收入迅速增长，大数据产业相关企业发展迅猛。

当前，传统产业占比偏高，煤炭、水泥、炼焦等传统工业优势行业仍然起着主导作用。"四新"经济发展不足。

今后，在传统制造业中开展"互联网+"行动，推动制造业增强核心竞争力。积极发展壮大新动能，做大做强新兴产业集群向"高端制造"迈进，加速形成新的经济增长点。

第三部分 区域综合科技创新水平分析

表 3-4 枣庄市各级指标值和位次与上年比较

指标名称	指标值 上年	指标值 当年	位次 上年	位次 当年
综合科技创新水平指数（%）	41.02	44.01	13	15
创新资源指数（%）	31.43	27.22	16	16
全社会研发（R&D）经费支出占地区生产总值（GDP）的比重（%）	1.72	1.38	14	16
地方财政科技支出占公共财政支出的比重（%）	0.86	1.08	14	13
每万名就业人员中研发人员数（人年）	25.64	25.87	12	14
基础研究经费支出占 R&D 经费支出的比重（%）	0.31	0.50	14	14
创新产出指数（%）	28.82	38.16	10	12
每亿元 GDP 年登记技术合同成交额（万元）	59.90	75.51	8	11
每亿元 GDP 发明专利申请数（件）	0.54	0.87	8	5
每万人发明专利拥有量（件）	2.53	3.19	15	11
企业创新指数（%）	45.36	60.65	13	10
规模以上工业企业 R&D 经费支出占主营业务收入的比重（%）	1.00	2.12	11	3
规模以上工业企业 R&D 人员占规模以上工业企业从业人员比重（%）	3.07	3.98	15	12
高新技术企业数量占规模以上工业企业数量比重（%）	8.78	12.13	12	12
有研发机构的规模以上工业企业占规模以上工业企业比重（%）	12.34	7.03	5	8
规模以上工业企业新产品销售收入占主营业务收入比重（%）	3.94	9.41	16	15
创新绩效指数（%）	52.94	47.71	12	12
高新技术产业产值占规模以上工业总产值比重（%）	24.92	32.95	15	9
省级以上高新区规模以上工业主营业务收入占全市规模以上工业主营业务收入比重（%）	14.34	14.34	9	9
全员劳动生产率（万元/人）	7.78	9.62	14	13
万元 GDP 综合能耗较上年降低率（%）	7.64	2.95	8	12
创新环境指数（%）	44.78	39.92	15	16
研发费用加计扣除减免税占企业研发经费的比重（%）	1.37	1.66	15	15
每万名就业人员累计孵化企业数（个）	0.29	0.67	16	12
科学研究和技术服务业平均工资比较系数（%）	100.45	77.10	7	12
实际使用外资金额占地区 GDP 比重（%）	0.26	0.29	14	14
每万人互联网宽带接入用户数（万户）	0.24	0.28	10	9

五、东营市

（一）科技创新发展情况

2018年，东营市坚持稳中求进的总基调，积极实施融合、聚焦、开放三大战略，深入推进新旧动能转换，推动高质量发展。加快创新型城市建设，引进培育高端人才，完善创新型产业、创新型企业、创新型园区体系构建。东营市综合科技创新水平指数57.98%，较上年下降0.87个百分点，位次由上年的第6位下降至第8位。

创新产出效率提升明显。创新产出指数增幅明显，达到24.61%，位次由第8位上升至第6位。每亿元GDP年登记技术合同成交额位次跃升至全省第4位；每万人发明专利拥有量连续保持全省第7位。

企业创新能力有所提高。企业创新指数50.25%，较上年提高3.07个百分点。高新技术企业数量占规模以上工业企业数量比重位次上升2位，有研发机构的规模以上工业企业占规模以上工业企业比重位次上升5位。

创新资源降至全省中游水平。创新资源指数下降28.14个百分点，位次下降7位。全社会研发经费支出占GDP比重由上年的第2位下降至第14位。地方财政科技支出占公共财政支出比重位次由上年的第6位下降至第10位。研发人力投入强度位次亦下降2位。应加大财政对科技的投入力度，引导企业重视研发活动，建立多元化、多层次、多渠道的科技创新投融资体系。

创新绩效略有下降。创新绩效指数较上年下降4.01个百分点。高新技术产业产值占规模以上工业总产值比重下降，位次由上年的第5位下降至第15位。万元GDP综合能耗较上年降低率收窄，位次下降1位。作为资源型城市，产业结构调整压力较大，产业转型升级应加快步伐。

图3-5所示为东营市一级评价指标与上年水平比较情况。

第三部分 区域综合科技创新水平分析

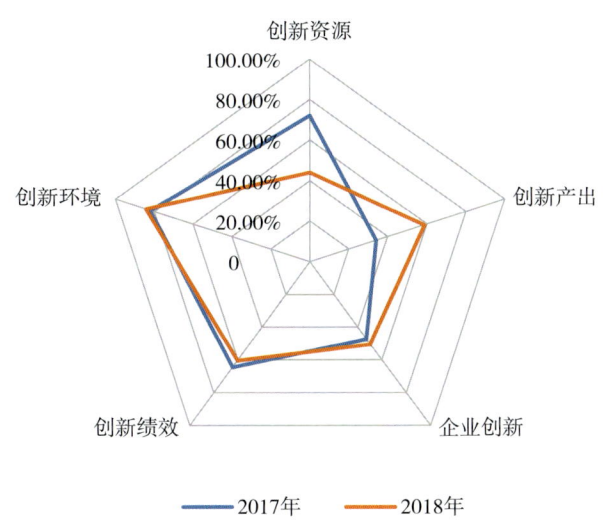

图 3-5 东营市一级评价指标与上年水平比较

(二) 创新发展主要指标分析及位次

地区生产总值（GDP）4152.47 亿元，居全省第 8 位，比上年增长 8.86%，高于全省平均水平。全员劳动生产率 31.20 万元/人，连续稳居全省第 1 位；万元 GDP 综合能耗较上年降低率为 2.68%，居全省第 14 位。

每万名就业人员中研发人员数 62.55 人年，居全省第 6 位；地区 R&D 人员 8325.3 人年，居全省第 13 位。规模以上工业企业 R&D 人员占规模以上工业企业从业人员比重为 3.60%，居全省第 16 位。

全社会 R&D 经费支出 68.19 亿元，比上年减少 32.38%；占 GDP 比重为 1.64%，比上年下降 1.00 个百分点，居全省第 14 位。R&D 经费中基础研究经费占比达到 1.34%，居全省第 7 位。地方财政科技支出占公共财政支出的比重为 1.55%，比上年下降 0.77 个百分点，居全省第 10 位；规模以上工业企业 R&D 经费支出占主营业务收入比重为 0.87%，比上年提高 0.11 个百分点，居全省第 15 位。

高新技术企业 206 家，比上年增加 57 家，总数居全省第 9 位。高新技术企业数量占规模以上工业企业数量比重达到 23.82%，居全省第 4 位。高新技术产业产值同比增长4.83%，占规模以上工业总产值的比重为28.15%，比上年下降8.03个百分点，居全省第15位。

科技创新载体92家，其中省级重点实验室5家、省级工程技术研究中心40家、省级技术创新中心1家、省级以上科技企业孵化器16家、省级以上众创空间28家、国家技术转移示范机构2家。

每亿元GDP发明专利申请数为0.37件，较上年提高0.08件，居全省第16位；每万人发明专利拥有量8.35件，较上年增加0.90件，居全省第7位；年登记技术合同成交额53.08亿元，较上年增长135.39%，成交额居全省第6位。

每万名就业人员累计孵化企业数连续3年居全省第1位。研发费用加计扣除减免税1.45亿元，占企业研发经费的比重达到2.37%，比上年提高1.62个百分点。

表3-5所示为东营市各级指标值和位次与上年比较情况。

（三）产业发展情况

产业结构持续优化，三次产业平稳增长。第一产业、第二产业、第三产业增加值分别增长2.2%、3.4%、6.8%，产业结构中第三产业比重提高0.6个百分点，第三产业增加值对GDP增长贡献率达48.6%。

产业转型成效逐步显现。新增新型经营主体258家，省级现代农业产业园1个；石化、有色金属、高端石油装备纳入省级产业集群转型升级示范，高端石化基地建设扎实推进。实施黄河三角洲大数据港项目，大力发展电子商务，积极推广智能制造新模式应用。铜尾渣资源化利用等技术实现新突破，石墨烯材料产业化应用等项目取得新进展，带动高新技术产业稳步发展。

节能降耗持续推进。新能源生产加快建设，新能源发电量占全市发电量的比重为16.2%，比上年提高0.6个百分点。

当前，产业结构偏重资源型和传统型，长期面临资源型城市转型和产业结构转型升级两大难题，经济下行压力短期内难以改变。

今后，重点优化石化产业布局，加强与大型国企央企合作，布局炼化一体化项目。加快培育生物医药产业，积极培育生物化工、制药化工、精细化工及其配套产业，加快培育航空航天产业。

表 3-5 东营市各级指标值和位次与上年比较

指标名称	指标值 上年	指标值 当年	位次 上年	位次 当年
综合科技创新水平指数（%）	58.85	57.98	6	8
创新资源指数（%）	72.25	44.11	4	11
全社会研发（R&D）经费支出占地区生产总值（GDP）的比重（%）	2.64	1.64	2	14
地方财政科技支出占公共财政支出的比重（%）	2.32	1.55	6	10
每万名就业人员中研发人员数（人年）	74.34	62.55	4	6
基础研究经费支出占R&D经费支出的比重（%）	0.95	1.34	7	7
创新产出指数（%）	34.14	58.75	8	6
每亿元GDP年登记技术合同成交额（万元）	59.12	127.83	9	4
每亿元GDP发明专利申请数（件）	0.30	0.37	17	16
每万人发明专利拥有量（件）	7.45	8.35	7	7
企业创新指数（%）	47.18	50.25	12	14
规模以上工业企业R&D经费支出占主营业务收入的比重（%）	0.76	0.87	15	15
规模以上工业企业R&D人员占规模以上工业企业从业人员比重（%）	4.29	3.60	10	16
高新技术企业数量占规模以上工业企业数量比重（%）	15.10	23.82	6	4
有研发机构的规模以上工业企业占规模以上工业企业比重（%）	8.31	7.51	11	6
规模以上工业企业新产品销售收入占主营业务收入比重（%）	10.38	9.80	10	13
创新绩效指数（%）	64.29	60.28	6	5
高新技术产业产值占规模以上工业总产值比重（%）	36.18	28.15	5	15
省级以上高新区规模以上工业主营业务收入占全市规模以上工业主营业务收入比重（%）	5.57	5.57	12	12
全员劳动生产率（万元/人）	26.73	31.20	1	1
万元GDP综合能耗较上年降低率（%）	4.33	2.68	13	14
创新环境指数（%）	82.04	84.15	2	4
研发费用加计扣除减免税占企业研发经费的比重（%）	0.76	2.37	17	12
每万名就业人员累计孵化企业数（个）	7.04	8.56	1	1
科学研究和技术服务业平均工资比较系数（%）	139.68	122.97	3	4
实际使用外资金额占地区GDP比重（%）	0.41	0.25	11	15
每万人互联网宽带接入用户数（万户）	0.36	0.40	2	2

六、烟台市

（一）科技创新发展情况

2018年，烟台市围绕加快新旧动能转换，深入实施创新驱动发展战略，着力提升产业内生动力，强化创新主体培育，强化创新载体建设，强化协同创新发展，强化科技人才引育，强化创新生态打造，进而助推全市高质量发展。烟台市综合科技创新水平指数66.30%，较上年提高3.07个百分点，位次居全省第5位。

创新资源优势明显。创新资源指数65.19%，居全省第4位。地方财政科技支出占公共财政支出比重遥遥领先，居全省第1位。全社会研发经费支出占GDP比重虽有下降，但位次上升2位。研发经费投入强度的下降应引起政府高度重视，加大研发经费的投入力度和相关政策的宣传，合理配置创新资源。

企业创新能力进一步增强。企业创新指数80.71%，较上年提高14.30个百分点，但位次下降1位。企业研发人员投入强度位次上升1位，有研发机构的规模以上工业企业占规模以上工业企业比重位次上升2位。企业研发经费投入强度提升幅度较大。

创新绩效与整体创新实力不相称，创新绩效指数下降2.53个百分点。万元GDP综合能耗较上年降低率位次下降2位，降低率收窄，说明未来节能降耗压力增大，应加快推进产业结构调整进程。

创新环境指数由上年居全省前列下降至中游。创新环境指数下降5.70个百分点且位次下降3位。研发费用加计扣除减免税占企业研发经费的比重仅列全省第10位，较上年下降7位，应加快普惠性科技创新政策的落实及宣传，让更多的创新主体享受到普惠性政策带来的实惠。

图 3-6 所示为烟台市一级评价指标与上年水平比较情况。

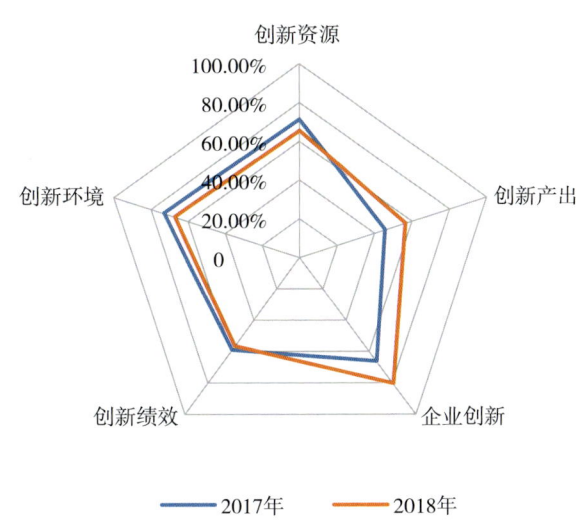

图 3-6 烟台市一级评价指标与上年水平比较

（二）创新发展主要指标分析及位次

地区生产总值（GDP）7832.58 亿元，居全省第 3 位，比上年增长 6.66%。全员劳动生产率 17.65 万元/人，居全省第 6 位；万元 GDP 综合能耗较上年降低率为 3.45%，居全省第 11 位。

每万名就业人员中研发人员数 62.72 人年，较上年下降 2.73 人年，居全省第 5 位。地区 R&D 人员 27 836.3 人年，比上年减少 8.26%，居全省第 3 位。规模以上工业企业 R&D 人员占规模以上工业企业从业人员比重达到 6.28%，居全省第 6 位。

全社会 R&D 经费支出 187.05 亿元，比上年减少 1.34%；占 GDP 比重为 2.39%，比上年下降 0.19 个百分点，占比居全省第 4 位。R&D 经费中基础研究经费占比达到 1.10%，居全省第 9 位。地方财政科技支出占公共财政支出的比重为 3.83%，比上年提高 0.40 个百分点，居全省第 1 位；规模以上工业企业 R&D 经费支出占主营业务收入比重为 1.80%，比上年提高 0.48 个百分点，居全省第 7 位。

高新技术企业 635 家，比上年增加 182 家，总数居全省第 4 位。高新技术企业数量占规模以上工业企业数量比重达到 29.18%，居全省第 3 位。高新技术产业产值同比增长 5.22%，占规模以上工业总产值的比重达 46.84%，比上年提高 4.35 个百分点，居全省第 3 位。

科技创新载体 163 家，其中省级重点实验室 21 家、省级工程技术研究中心 95 家、省级技术创新中心 1 家、省级以上科技企业孵化器 26 家、省级以上众创空间 19 家、国家技术转移示范机构 1 家。

每亿元 GDP 发明专利申请数达到 0.69 件，较上年提高 0.09 件，居全省第 6 位；每万人发明专利拥有量 9.04 件，较上年增加 1.12 件，居全省第 6 位；年登记技术合同成交额 84.53 亿元，较上年增长 38.46%，成交额居全省第 4 位。

每万名就业人员累计孵化企业数位次保持全省第 5 位；实际使用外资额 26.23 亿美元，占 GDP 的比重 2.22%，比上年提高 0.24 个百分点，居全省第 4 位。

表 3-6 所示为烟台市各级指标值和位次与上年比较情况。

（三）产业发展情况

第一、第二、第三产业增加值分别增长 3.2%、6.2%、7%。第三产业增长较快，占 GDP 比重为 44.4%，结构优化取得进展。装备制造业增加值同比增长 8.6%，高新技术产业投资同比增长 29%。

新旧动能转换加快推进。以新一代信息技术、高端装备制造业、生物产业、新能源产业、节能环保产业等为主的战略性新兴产业实现产值同比增长 9.4%，新兴服务业加快发展。

当前，新增长点不足问题突出，经济下行压力较大，经济运行质量效益不高，战略性新兴产业薄弱，对规模以上工业总产值增长的贡献率只有 31.2%。

今后，围绕培育新的经济增长点，加快打造高新技术产业集群，以新一代信息技术、显示材料、智能机器人、虚拟现实等产业领域为重点，实施"龙头企业+产业技术创新联盟+高企+中小微配套企业"联合培育，拉长产业链，提升价值链，进而提高产业、区域竞争力。

第三部分 区域综合科技创新水平分析

表 3-6 烟台市各级指标值和位次与上年比较

指标名称	指标值 上年	指标值 当年	位次 上年	位次 当年
综合科技创新水平指数（％）	63.23	66.30	5	5
创新资源指数（％）	71.07	65.19	5	4
全社会研发（R&D）经费支出占地区生产总值（GDP）的比重（％）	2.58	2.39	6	4
地方财政科技支出占公共财政支出的比重（％）	3.44	3.83	2	1
每万名就业人员中研发人员数（人年）	65.45	62.72	6	5
基础研究经费支出占 R&D 经费支出的比重（％）	0.74	1.10	9	9
创新产出指数（％）	45.63	56.43	6	7
每亿元 GDP 年登记技术合同成交额（万元）	83.13	107.92	5	9
每亿元 GDP 发明专利申请数（件）	0.60	0.69	6	6
每万人发明专利拥有量（件）	7.92	9.04	6	6
企业创新指数（％）	66.41	80.71	4	5
规模以上工业企业 R&D 经费支出占主营业务收入的比重（％）	1.32	1.80	6	7
规模以上工业企业 R&D 人员占规模以上工业企业从业人员比重（％）	5.26	6.28	7	6
高新技术企业数量占规模以上工业企业数量比重（％）	19.06	29.18	3	3
有研发机构的规模以上工业企业占规模以上工业企业比重（％）	10.69	9.60	7	5
规模以上工业企业新产品销售收入占主营业务收入比重（％）	15.60	18.22	5	7
创新绩效指数（％）	59.20	56.68	8	9
高新技术产业产值占规模以上工业总产值比重（％）	42.49	46.84	3	3
省级以上高新区规模以上工业主营业务收入占全市规模以上工业主营业务收入比重（％）	3.16	3.16	15	15
全员劳动生产率（万元/人）	15.84	17.65	5	6
万元 GDP 综合能耗较上年降低率（％）	6.20	3.45	9	11
创新环境指数（％）	73.09	67.38	4	7
研发费用加计扣除减免税占企业研发经费的比重（％）	3.48	3.27	3	10
每万名就业人员累计孵化企业数（个）	2.19	2.63	5	5
科学研究和技术服务业平均工资比较系数（％）	90.33	75.56	10	13
实际使用外资金额占地区 GDP 比重（％）	1.97	2.22	4	4
每万人互联网宽带接入用户数（万户）	0.28	0.29	7	8

七、潍坊市

（一）科技创新发展情况

2018 年，潍坊市科技重点工作扎实推进，技术创新取得突破，潍柴动力"商用车动力总成关键技术及应用"项目获国家科技进步一等奖。产学研合作日益深化，创新平台建设稳步推进，潍柴国家燃料电池技术创新中心申报方案已经上报科技部。农业科技创新提质增效，潍坊（寿光）高新区被科技部列为今年升建国家高新区调研评审名单。成果转移转化通道不断畅通，新增市级技术转移机构 6 家，省级科技成果转化示范机构 1 家，各项工作成效明显。潍坊市综合科技创新水平指数为 58.76%，较上年提高 5.98 个百分点，居全省第 7 位。

创新环境得到优化。创新环境指数提高 17.53 个百分点。普惠性政策落实有力，研发费用加计扣除减免税占企业研发经费的比重位次由上年的第 11 位上升至第 7 位；科学研究和技术服务业平均工资比较系数位次提升 4 位；实际使用外资金额占 GDP 比重较上年提升 1 位。

创新产出效率处于全省高位。创新产出指数 61.74%，较上年提高 15.39 个百分点。每亿元 GDP 发明专利申请数位次提升 1 位；每亿元 GDP 年登记技术合同成交额虽然位次下降，但增长量较大。

创新绩效提升显著，创新绩效指数位次上升 8 位。高新技术产业产值占规模以上工业总产值比重位次上升 2 位；万元 GDP 综合能耗下降幅度大于上年且位次上升 9 位，说明产业结构调整成效开始显现。

创新资源优势不明显，创新资源指数下降幅度较大。全社会研发经费支出占 GDP 比重位次由上年第 4 位下降至第 10 位，下降幅度较大；企业研发经费支出占主营业务收入的比重亦下降至第 12 位；有研发机构的规模以上工业企业占规模以上工业企业比重位次下降 5 位。研发人员投入强度仅居全省第 10 位，企业研发人力投入占比也降至 10 位以后。地方财政科技支出占公共财政支出比重位次下降 3 位。一系列指标的下降应引起政府对研发经费投入及企业研发活动的高度重视，科学合理地配置创新资源，在经费、人力方面加大研发投入的力度，增强创新主体的创新活力。

图 3-7 所示为潍坊市一级评价指标与上年水平比较情况。

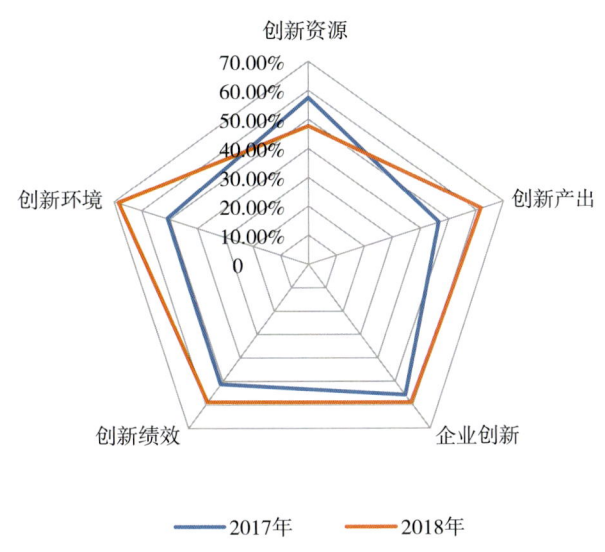

图 3-7 潍坊市一级评价指标与上年水平比较

（二）创新发展主要指标分析及位次

地区生产总值（GDP）6156.78 亿元，居全省第 4 位，比上年增长 5.16%。全员劳动生产率 10.82 万元/人，居全省第 9 位；万元 GDP 综合能耗较上年降低率为 4.16%，居全省第 8 位。

每万名就业人员中研发人员数 37.61 人年，较上年下降 1.13 人年，居全省第 10 位。地区 R&D 人员 21 395.3 人年，比上年减少 4.55%，居全省第 5 位。规模以上工业企业 R&D 人员占规模以上工业企业从业人员比重为 4.31%，居全省第 11 位。

全社会 R&D 经费支出 122.02 亿元，比上年减少 20.38%；占 GDP 比重为 1.98%，比上年下降 0.64 个百分点，占比居全省第 10 位。R&D 经费中基础研究经费占比为0.85%，居全省第12位。地方财政科技支出占公共财政支出的比重为2.74%，比上年下降0.16个百分点，居全省第7位；规模以上工业企业R&D经费支出占主营业务收入比重为1.35%，比上年提高0.08个百分点，居全省第12位。

高新技术企业704家，比上年增加162家，总数居全省第3位。高新技术企业数量占规模以上工业企业数量比重达到20.11%，居全省第6位。高新技术产业产值同比增长7.72%，占规模以上工业总产值的比重达44.85%，比上年提高10.50个百分点，居全省第5位。

科技创新载体232家，其中省级重点实验室14家、省级工程技术研究中心116家、省级技术创新中心2家、省级以上科技企业孵化器48家、省级以上众创空间51家、国家技术转移示范机构1家。

每亿元GDP发明专利申请数达到1.21件，较上年提高0.26件，居全省第3位；每万人发明专利拥有量6.74件，较上年增加1.20件，居全省第8位；年登记技术合同成交额73.86亿元，较上年增长46.05%，成交额居全省第5位。

研发费用加计扣除减免税5.13亿元，占企业研发经费的比重达到4.39%，比上年提高2.49个百分点。实际使用外资额13.42亿美元，占GDP的比重1.44%，比上年提高0.11个百分点，居全省第5位。

表3-7所示为潍坊市各级指标值和位次与上年比较情况。

（三）产业发展情况

第一、第二、第三产业平稳增长，三次产业结构持续优化。服务业对经济增长的拉动作用进一步增强。

规模以上工业增加值同比增长5.6%，多数行业保持增长态势，大企业发挥引领作用凸现。

新旧动能转换初见成效，高新技术产业和新兴产业蓬勃发展，"四新"经济增加值居全省前列。高新技术产业产值同比增长7.22%。

当前，受国际、国内复杂形势的影响，经济下行压力有所加大，部分行业不景气现象短期内难以改变。

今后，以先进制造、海洋经济为重点，进一步壮大高新技术产业规模，助推新旧动能转换。发挥潍柴、歌尔、盛瑞等先进制造领军企业的作用，打造千亿级、万亿级产业集群，努力打造"国际动力城"。凸显海洋经济特色，对标日、韩、欧、美等产业基础相近的国际先进产业模式，强化与中科院化学所、生态所的深度合作。借助国家海洋科学研究中心作用，推动全市海洋化工等产业转型升级，支持山东省海洋化工科学研究院打造海洋化工高端技术研发及转化示范基地，用科技创新倒逼生态环保，用先进技术培育绿色海洋新兴产业。

表3-7　潍坊市各级指标值和位次与上年比较

指标名称	指标值		位次	
	上年	当年	上年	当年
综合科技创新水平指数（%）	52.78	58.76	8	7
创新资源指数（%）	57.31	47.46	7	8
全社会研发（R&D）经费支出占地区生产总值（GDP）的比重（%）	2.62	1.98	4	10
地方财政科技支出占公共财政支出的比重（%）	2.90	2.74	4	7
每万名就业人员中研发人员数（人年）	38.73	37.61	10	10
基础研究经费支出占R&D经费支出的比重（%）	0.56	0.85	11	12
创新产出指数（%）	46.35	61.74	5	4
每亿元GDP年登记技术合同成交额（万元）	86.37	119.97	4	7
每亿元GDP发明专利申请数（件）	0.96	1.21	4	3
每万人发明专利拥有量（件）	5.54	6.74	8	8
企业创新指数（%）	55.95	59.16	10	12
规模以上工业企业R&D经费支出占主营业务收入的比重（%）	1.28	1.35	7	12
规模以上工业企业R&D人员占规模以上工业企业从业人员比重（%）	4.64	4.31	9	11
高新技术企业数量占规模以上工业企业数量比重（%）	15.50	20.11	5	6
有研发机构的规模以上工业企业占规模以上工业企业比重（%）	8.61	5.80	10	15
规模以上工业企业新产品销售收入占主营业务收入比重（%）	10.89	16.64	8	8
创新绩效指数（%）	51.38	59.10	14	6
高新技术产业产值占规模以上工业总产值比重（%）	34.35	44.85	7	5
省级以上高新区规模以上工业主营业务收入占全市规模以上工业主营业务收入比重（%）	14.68	14.68	8	8
全员劳动生产率（万元/人）	10.12	10.82	7	9
万元GDP综合能耗较上年降低率（%）	3.78	4.16	17	8
创新环境指数（%）	50.92	68.45	10	6
研发费用加计扣除减免税占企业研发经费的比重（%）	1.89	4.39	11	7
每万名就业人员累计孵化企业数（个）	1.22	1.68	7	8
科学研究和技术服务业平均工资比较系数（%）	84.26	84.54	11	7
实际使用外资金额占地区GDP比重（%）	1.33	1.44	6	5
每万人互联网宽带接入用户数（万户）	0.24	0.27	11	11

八、济宁市

（一）科技创新发展情况

2018年，济宁市聚焦新旧动能转换，突出把握新动能培育，深入实施创新驱动发展战略，济宁市产业技术研究院已实体化运作，高新技术企业培育步伐加快，295家企业被认定为国家科技型中小企业，自主创新能力提升。济宁市综合科技创新水平指数为49.53%，较上年下降0.34个百分点，居全省第10位。

创新产出效率提高。创新产出指数39.61%，较上年提高15.42个百分点，居全省第11位。每亿元GDP年登记技术合同成交额位次上升1位。

创新资源劣势明显。创新资源指数下降8.83个百分点，位次下降2位。全社会研发经费支出占GDP比重下降，每万名就业人员中研发人员数位次下降5位。应采取措施加大研发经费及研发人力的投入力度，合理配置创新资源，加强相关政策的宣传。

企业创新活力不足。企业创新指数下降且位次下降8位。规模以上工业企业研发经费支出占主营业务收入的比重位次下降8位；企业研发人员占比位次下降2位；高新技术企业数量占规模以上工业企业数量比重位次下降2位；有研发机构的规模以上工业企业占规模以上工业企业比重位次下降7位。为激发企业活力，达到高水平运行、高质量发展，除了政府正确施策，提供条件支持和环境保障外，企业自身亦应坚持创新驱动战略，坚持技术创新，以创新作为促进发展的支撑。

创新绩效水平有待提高。创新绩效指数下降且位次下降3位。高新技术产业产值占规模以上工业总产值比重位次下降3位；万元GDP综合能耗较上年降低率收窄，位次下降1位。产业结构调整的压力依然较大，亟须加快产业转型升级的步伐。

图 3-8 所示为济宁市一级评价指标与上年水平比较情况。

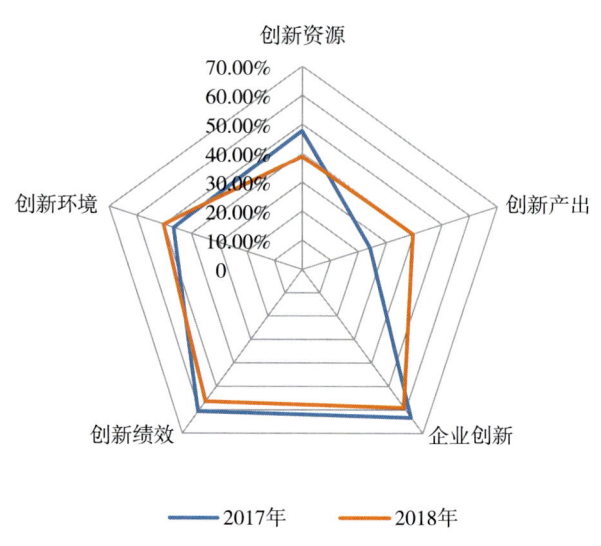

图 3-8 济宁市一级评价指标与上年水平比较

（二）创新发展主要指标分析及位次

地区生产总值（GDP）4930.58 亿元，居全省第 6 位，比上年增长 6.34%。全员劳动生产率 9.66 万元/人，居全省第 12 位；万元 GDP 综合能耗较上年降低率为 2.22%，居全省第 16 位。

每万名就业人员中研发人员数 32.43 人年，较上年下降 6.84 人年，居全省第 13 位。地区 R&D 人员 16 543.7 人年，比上年减少 18.80%，居全省第 6 位。规模以上工业企业 R&D 人员占规模以上工业企业从业人员比重为 3.75%，居全省第 14 位。

全社会 R&D 经费支出 92.77 亿元，比上年减少 6.33%；占 GDP 比重为 1.88%，比上年下降 0.25 个百分点，占比居全省第 12 位。R&D 经费中基础研究经费占比达到 2.10%，居全省第 4 位。地方财政科技支出占公共财政支出的比重为 1.21%，比上年下降 0.06 个百分点，居全省第 11 位；规模以上工业企业 R&D 经费支出占主营业务收入比重为 1.49%，比上年提高 0.03 个百分点，居全省第 11 位。

高新技术企业 400 家，比上年增加 83 家，总数居全省第 5 位。高新技术企业数量占规模以上工业企业数量比重为 13.94%，居全省第 11 位。高新技术产业产值同比增长 11.70%，占规模以上工业总产值的比重达 30.37%，比上年下降 0.50 个百分点，居全省第 13 位。

科技创新载体 172 家，其中省级重点实验室 3 家、省级工程技术研究中心 74 家、省级以上科技企业孵化器 32 家、省级以上众创空间 61 家、国家技术转移示范机构 2 家。

每亿元 GDP 发明专利申请数达到 0.65 件，较上年提高 0.07 件，居全省第 8 位；每万人发明专利拥有量 2.92 件，较上年增加 0.38 件，居全省第 13 位；年登记技术合同成交额 43.28 亿元，较上年增长 109.89%，成交额居全省第 8 位。

研发费用加计扣除减免税 1.99 亿元，占企业研发经费的比重达到 2.26%，比上年提高 0.62 个百分点。实际使用外资额 7.45 亿美元，占 GDP 的比重 1.00%，比上年提高 0.13 个百分点，居全省第 8 位。

表 3-8 所示为济宁市各级指标值和位次与上年比较情况。

（三）产业发展情况

第一、第二、第三产业平稳增长，农林牧渔业增加值增长 2.6%，规模以上工业增加值增长 6.1%，服务业增加值持续保持较高的增长速度。产业结构进一步优化，工业主导向服务业主导转型趋势增强。

动能转换成效明显。新兴产业加快成长，高技术制造业和装备制造业增加值分别增长 20.9% 和 6.8%；新兴工业产品产量快速增长，生物基化学纤维、工业机器人及锂离子电池增长量均增加了 2 倍。新兴服务业发展加快，前 11 个月规模以上"四新"服务业企业实现营收增长 22.7%。新模式迅猛发展，以现代物流、共享网络为纽带，全行业粘连性越来越高，产业链咬合度提升，平台经济、数字经济、"圈子经济"、创意经济等新模式迅速增长。

当前，新经济支撑力度偏弱。新经济发展较快但体量小，起步期和成长期占比较大，分布较分散，多呈无序自由发展态势。

今后，继续巩固制造业发展优势，壮大优势产业集群，培育瞪羚企业、独角兽企业和行业单打冠军企业。增强制造业技术创新能力，加速产业融合。加速淮海经济区内智慧和创新资源融合提升，推动济宁主导优势产业跨区域加快发展。

表 3-8 济宁市各级指标值和位次与上年比较

指标名称	指标值 上年	指标值 当年	位次 上年	位次 当年
综合科技创新水平指数（%）	49.87	49.53	11	10
创新资源指数（%）	47.83	39.00	11	13
全社会研发（R&D）经费支出占地区生产总值（GDP）的比重（%）	2.14	1.88	13	12
地方财政科技支出占公共财政支出的比重（%）	1.27	1.21	12	11
每万名就业人员中研发人员数（人年）	39.26	32.43	8	13
基础研究经费支出占 R&D 经费支出的比重（%）	1.40	2.10	4	4
创新产出指数（%）	24.19	39.61	11	11
每亿元 GDP 年登记技术合同成交额（万元）	44.47	87.78	11	10
每亿元 GDP 发明专利申请数（件）	0.58	0.65	7	8
每万人发明专利拥有量（件）	2.54	2.92	13	13
企业创新指数（%）	63.18	58.96	5	13
规模以上工业企业 R&D 经费支出占主营业务收入的比重（%）	1.47	1.49	3	11
规模以上工业企业 R&D 人员占规模以上工业企业从业人员比重（%）	4.04	3.75	12	14
高新技术企业数量占规模以上工业企业数量比重（%）	11.57	13.94	9	11
有研发机构的规模以上工业企业占规模以上工业企业比重（%）	12.62	6.52	2	9
规模以上工业企业新产品销售收入占主营业务收入比重（%）	13.68	18.26	6	6
创新绩效指数（%）	60.46	56.21	7	10
高新技术产业产值占规模以上工业总产值比重（%）	30.87	30.37	10	13
省级以上高新区规模以上工业主营业务收入占全市规模以上工业主营业务收入比重（%）	29.40	29.40	2	2
全员劳动生产率（万元/人）	8.94	9.66	11	12
万元 GDP 综合能耗较上年降低率（%）	4.10	2.22	15	16
创新环境指数（%）	46.46	50.19	13	14
研发费用加计扣除减免税占企业研发经费的比重（%）	1.64	2.26	14	13
每万名就业人员累计孵化企业数（个）	1.13	2.20	8	7
科学研究和技术服务业平均工资比较系数（%）	81.08	70.30	13	15
实际使用外资金额占地区 GDP 比重（%）	0.87	1.00	9	8
每万人互联网宽带接入用户数（万户）	0.22	0.25	13	14

九、泰安市

（一）科技创新发展情况

2018年，泰安市科技工作坚持"1442"工作思路，不断强化科技创新支撑。进一步完善泰山创新谷建设体系，出台《关于培植科技创新型企业50强的实施意见》，大力培植"创新50强"企业；围绕新一代信息技术、高端装备和智能制造、新材料、新能源等十大产业，支持以企业为主体、产学研协同开展科技攻关，突破关键核心技术；衔接省高新技术企业培育计划，强力培育高新技术企业。聚焦全市十大产业转型升级和经济社会发展的重大科技需求，推动各类创新平台提质增效。泰安市综合科技创新水平指数为60.17%，较上年提高9.01个百分点，跃升至全省第6位。

企业创新能力显著增强。企业创新指数增长33.49个百分点，位次由上年的第11位上升至第3位。规模以上工业企业R&D经费支出占主营业务收入的比重上升至全省第1位；高新技术企业数量占比位次上升1位；规模以上工业企业新产品销售收入占主营业务收入比重位次上升9位。

创新产出效率明显提升。创新产出指数提高22.02个百分点，居全省第8位，位次上升1位。每亿元GDP年登记技术合同成交额位次上升1位；每亿元GDP发明专利申请量位次上升3位。

创新资源劣势明显。创新资源指数下降12.86个百分点，居全省第12位。研发经费投入强度下降明显。全社会研发经费支出占GDP比重下降幅度较大，但在全省位次上升1位；地方财政科技支出占公共财政支出比重位次下降1位。政府应高度重视本地区研发经费的变化趋势，加大研发经费投入力度，优化创新资源配置，采取措施鼓励创新主体积极开展研发活动。

创新绩效水平有待提高。创新绩效指数57.06%，较上年下降9.61个百分点。万元GDP综合能耗较上年降低率收窄，位次下降11位，说明产业结构调整的任务依然艰巨。

图 3-9 所示为泰安市一级评价指标与上年水平比较情况。

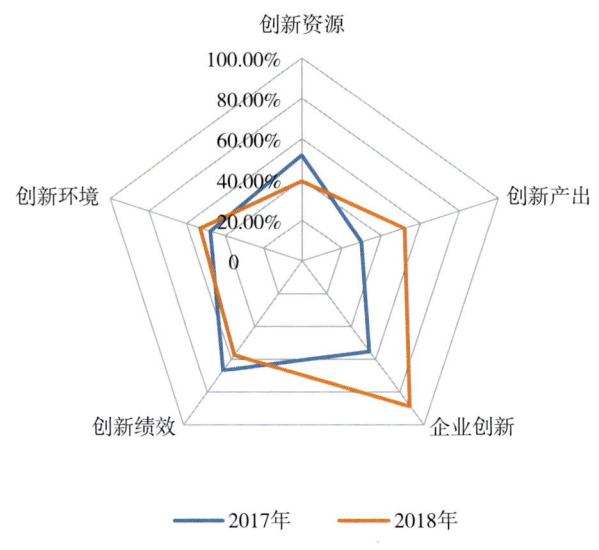

图 3-9　泰安市一级评价指标与上年水平比较

（二）创新发展主要指标分析及位次

地区生产总值（GDP）3651.53 亿元，居全省第 9 位，比上年增长 2.04%。全员劳动生产率 9.97 万元/人，居全省第 11 位；万元 GDP 综合能耗较上年降低率为 2.28%，居全省第 15 位。

每万名就业人员中研发人员数 38.26 人年，较上年提高 2.03 人年，居全省第 9 位。地区 R&D 人员 14 009.7 人年，比上年减少 6.15%，居全省第 8 位。规模以上工业企业 R&D 人员占规模以上工业企业从业人员比重达到 6.10%，居全省第 7 位。

全社会 R&D 经费支出 76.06 亿元，较上年减少 15.48%；占 GDP 比重为 2.08%，较上年下降 0.43 个百分点，占比居全省第 8 位。R&D 经费中基础研究经费占比达到 1.98%，居全省第 5 位。地方财政科技支出占公共财政支出的比重为 0.83%，比上年下降 0.28 个百分点，居全省第 14 位；规模以上工业企业 R&D 经费支出占主营业务收入比重为 3.28%，比上年提高 1.64 个百分点，居全省第 1 位。

高新技术企业 196 家，比上年增加 57 家，总数居全省第 10 位。高新技术企业数量占规模以上工业企业数量比重为 15.34%，居全省第 10 位。高新技术产业产值同比增长 8.51%，占规模以上工业总产值的比重达 36.89%，比上年提高 7.13 个百分点，居全省第 8 位。

科技创新载体 104 家，其中省级重点实验室 12 家、省级工程技术研究中心 60 家、省级以上科技企业孵化器 14 家、省级以上众创空间 18 家。

每亿元 GDP 发明专利申请数达到 0.67 件，较上年提高 0.16 件，居全省第 7 位；每万人发明专利拥有量 3.46 件，较上年增加 0.50 件，居全省第 10 位；年登记技术合同成交额 44.92 亿元，较上年增长 100.45%，成交额居全省第 7 位。

研发费用加计扣除减免税 2.01 亿元，占企业研发经费的比重达到 3.14%，比上年提高 1.11 个百分点。实际使用外资额 6.93 亿美元，占 GDP 的比重为 1.26%，比上年提高 0.16 个百分点，居全省第 6 位。

表 3-9 所示为泰安市各级指标值和位次与上年比较情况。

（三）产业发展情况

三次产业协调发展。现代农业快速发展，工业生产总体平稳，制造业增加值同比增长 6.4%，服务业发展态势良好，服务业增加值占 GDP 比重为 48.0%，同比提高 1.2 个百分点，产业结构进一步优化。

新动能加快成长。深入推动信息化和工业化、制造业与互联网深度融合，创新创业活力不断释放，重点企业引领作用日益突出，产业融合发展推动"四新"经济不断壮大，数字经济、共享经济蓬勃发展，电子商务交易额增长 26%，全域旅游发展实现新格局。

当前，产业结构性问题依然突出。传统产业占比超过六成，新兴产业规模偏小，"四新"经济增加值占 GDP 比重不足 15%。高耗能行业增加值同比提高 2.0 个百分点。工业技改、高端装备制造业、新材料新能源产业投资及民间投资呈下降趋势。

今后，加快新旧动能转换进程，全力推进"十大产业"与"双 50 强"企业培植，加速文化旅游、医养健康、高端装备、智能制造等产业经济发展。加快提升五大优势产业，打造五大新兴产业，突破现代服务业发展，构建煤炭、钢铁、纺织、化工等传统产业和装备制造、新材料、新能源等新兴产业集群，促进产学研结合，提升产业核心竞争力。

第三部分 区域综合科技创新水平分析

表 3-9　泰安市各级指标值和位次与上年比较

指标名称	指标值 上年	指标值 当年	位次 上年	位次 当年
综合科技创新水平指数（%）	51.16	60.17	9	6
创新资源指数（%）	52.19	39.33	9	12
全社会研发（R&D）经费支出占地区生产总值（GDP）的比重（%）	2.51	2.08	9	8
地方财政科技支出占公共财政支出的比重（%）	1.11	0.83	13	14
每万名就业人员中研发人员数（人年）	36.23	38.26	11	9
基础研究经费支出占 R&D 经费支出的比重（%）	1.87	1.98	3	5
创新产出指数（%）	30.17	52.19	9	8
每亿元 GDP 年登记技术合同成交额（万元）	62.63	123.02	7	6
每亿元 GDP 发明专利申请数（件）	0.51	0.67	10	7
每万人发明专利拥有量（件）	2.96	3.46	10	10
企业创新指数（%）	55.15	88.64	11	3
规模以上工业企业 R&D 经费支出占主营业务收入的比重（%）	1.64	3.28	2	1
规模以上工业企业 R&D 人员占规模以上工业企业从业人员比重（%）	5.27	6.10	6	7
高新技术企业数量占规模以上工业企业数量比重（%）	9.91	15.34	11	10
有研发机构的规模以上工业企业占规模以上工业企业比重（%）	7.70	5.87	12	14
规模以上工业企业新产品销售收入占主营业务收入比重（%）	7.46	19.57	14	5
创新绩效指数（%）	66.67	57.06	5	8
高新技术产业产值占规模以上工业总产值比重（%）	29.76	36.89	12	8
省级以上高新区规模以上工业主营业务收入占全市规模以上工业主营业务收入比重（%）	25.12	25.12	3	3
全员劳动生产率（万元/人）	8.68	9.97	12	11
万元 GDP 综合能耗较上年降低率（%）	8.26	2.28	4	15
创新环境指数（%）	47.64	52.86	11	12
研发费用加计扣除减免税占企业研发经费的比重（%）	2.03	3.14	10	11
每万名就业人员累计孵化企业数（个）	0.76	0.58	10	14
科学研究和技术服务业平均工资比较系数（%）	70.02	71.80	14	14
实际使用外资金额占地区 GDP 比重（%）	1.09	1.26	7	6
每万人互联网宽带接入用户数（万户）	0.23	0.26	12	12

十、威海市

（一）科技创新发展情况

2018年，威海市深入实施创新驱动发展战略，积极创建国家创新型城市，出台实施《关于加快科技创新支持新旧动能转换的实施意见》，围绕县域创新发展、创新平台建设、科技服务业发展、成果转移转化、国际科技合作等方面出台配套政策11个。完善创新发展平台体系架构，积极打造"政产学研金服用""北斗七星"协同创新共同体，创建国家知识产权示范城市，创新环境持续优化。威海市综合科技创新水平指数74.72%，较上年提高9.03个百分点，居全省第4位。

创新环境优势突出，创新环境指数居全省首位。研发费用加计扣除减免税占企业研发经费的比重位次跃升至第1位；实际使用外资金额占GDP比重居全省第2位；每万名就业人员累计孵化企业数位次提升1位。

创新绩效明显。创新绩效指数提升且位次上升1位，居全省第3位。万元GDP综合能耗较上年降低率位次上升5位，但降幅收窄。仍应注意产业结构调整的持续推进。

企业创新能力进一步增强。企业创新指数较上年提高8.35个百分点，位次与上年持平。规模以上工业企业研发经费投入强度和研发人力投入强度较上年均有所提升；规模以上工业企业新产品销售收入占主营业务收入比重位次提升2位。有研发机构的规模以上工业企业占规模以上工业企业比重位次下降至第10位。政府应积极搭建创新平台，鼓励企业积极开展研发活动，增强企业创新能力。

创新产出效率具有一定优势。创新产出指数提高6.15个百分点，位次下降1位。每亿元GDP发明专利申请数位次下降4位。每亿元GDP年登记技术合同成交额位次下降5位。应制定政策加速推进科技成果转化，提高企业创新活力。

创新资源具有一定优势，但有所下降。创新资源指数下降 16.46 个百分点，位次下降 2 位，居全省第 5 位。全社会研发经费支出占 GDP 比重下降幅度较大，位次下降了 7 位；地方财政科技支出占公共财政支出比重位次下降 1 位。基础研究经费投入力度加大。基础研究经费支出占 R&D 经费支出的比重增长幅度较大，位次由上年第 17 位上升至第 10 位。应加大研发经费投入力度，加强研发经费政策的宣传，制定措施鼓励创新主体积极开展研发活动。

图 3-10 所示为威海市一级评价指标与上年水平比较情况。

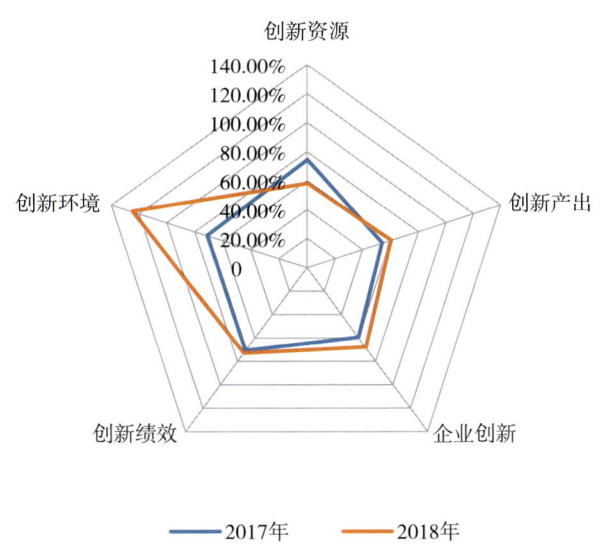

图 3-10　威海市一级评价指标与上年水平比较

（二）创新发展主要指标分析及位次

地区生产总值（GDP）3641.48 亿元，居全省第 10 位，比上年增长 3.66%。全员劳动生产率 19.86 万元/人，居全省第 3 位；万元 GDP 综合能耗较上年降低率达 4.40%，居全省第 6 位。

每万名就业人员中研发人员数 71.64 人年，较上年下降 0.83 人年，居全省第 4 位。地区 R&D 人员 13 139.5 人年，比上年减少 11.43%，居全省第 9 位。规模以上工业企业 R&D 人员占规模以上工业企业从业人员比重为 4.89%，居全省第 8 位。

全社会 R&D 经费支出 58.70 亿元，比上年减少 34.01%；占 GDP 比重为 1.61%，比上年下降 0.92 个百分点，占比居全省第 15 位。R&D 经费中基础研究经费占比为 0.96%，居全省第 10 位。地方财政科技支出占公共财政支出的比重为 3.50%，比上年下降 0.68 个百分点，居全省第 2 位；规模以上工业企业 R&D 经费支出占主营业务收入比重为 1.77%，比上年提高 0.51 个百分点，居全省第 9 位。

高新技术企业 393 家，比上年增加 96 家，总数居全省第 6 位。高新技术企业数量占规模以上工业企业数量比重达到 23.48%，居全省第 5 位。高新技术产业产值同比增长 2.80%，占规模以上工业总产值的比重达 45.12%，比上年提高 3.99 个百分点，居全省第 4 位。

科技创新载体 179 家，其中省级重点实验室 12 家、省级工程技术研究中心 91 家、省级技术创新中心 2 家、省级以上科技企业孵化器 33 家、省级以上众创空间 41 家。

每亿元 GDP 发明专利申请数为 0.64 件，较上年减少 0.23 件，居全省第 9 位；每万人发明专利拥有量 10.09 件，较上年增加 1.68 件，居全省第 4 位；年登记技术合同成交额 41.99 亿元，较上年增长 22.24%，成交额居全省第 9 位。

研发费用加计扣除减免税 5.77 亿元，占企业研发经费的比重达到 10.01%，比上年提高 7.39 个百分点。实际使用外资额 14.21 亿美元，占 GDP 的比重 2.58%，比上年提高 0.11 个百分点，居全省第 2 位。

表 3-10 所示为威海市各级指标值和位次与上年比较情况。

（三）产业发展情况

三次产业协调推进。农林牧渔及服务业增加值增长 2.8%，新型农业经营主体日益壮大。工业运行稳中有进，规模以上工业增加值增长 6.0%。服务业发展突出，服务业增加值占 GDP 比例为 48.3%。

新旧动能转换进程加快。四新经济发展良好，新产业快速壮大。新能源新材料产业增加值增长16.6%，新技术日新月异，新业态层出不穷，新增智能工厂和数字化车间7间，"上云"企业达560家；新模式兴起，2家企业入选省2019年度服务型"1+N"示范企业。5个产业集群入选全省首批现代优势产业集群，医药制造、专用设备制造等行业主营业务收入分别增长15.8%、7.6%，碳纤维产业园、服务贸易产业园等十大高端特色产业园区加快建设。

当前，产业协同发展程度不高，先进制造业与现代服务业融合不畅，规模以上现代服务业营业收入下降，信息技术服务业、专业技术服务业营业收入出现负增长。

今后，加快培育现代优势产业集群，聚焦产业发展导向，主动与世界500强、央企及行业领军企业对接，在建链、延链、补链、强链方面引进优质项目。加快农村产业转型升级，大力培育现代渔业、乡村旅游等特色优势产业，加快实现农业现代化。

表 3-10 威海市各级指标值和位次与上年比较

指标名称	指标值		位次	
	上年	当年	上年	当年
综合科技创新水平指数（%）	65.69	74.72	4	4
创新资源指数（%）	74.28	57.82	3	5
全社会研发（R&D）经费支出占地区生产总值（GDP）的比重（%）	2.53	1.61	8	15
地方财政科技支出占公共财政支出的比重（%）	4.18	3.50	1	2
每万名就业人员中研发人员数（人年）	72.47	71.64	5	4
基础研究经费支出占 R&D 经费支出的比重（%）	0.03	0.96	17	10
创新产出指数（%）	53.91	60.06	4	5
每亿元 GDP 年登记技术合同成交额（万元）	97.78	115.31	3	8
每亿元 GDP 发明专利申请数（件）	0.88	0.64	5	9
每万人发明专利拥有量（件）	8.41	10.09	4	4
企业创新指数（%）	59.69	68.04	8	8
规模以上工业企业 R&D 经费支出占主营业务收入的比重（%）	1.26	1.77	8	9
规模以上工业企业 R&D 人员占规模以上工业企业从业人员比重（%）	4.22	4.89	11	8
高新技术企业数量占规模以上工业企业数量比重（%）	16.08	23.48	4	5
有研发机构的规模以上工业企业占规模以上工业企业比重（%）	12.18	6.33	6	10
规模以上工业企业新产品销售收入占主营业务收入比重（%）	10.07	16.13	11	9
创新绩效指数（%）	70.99	73.16	4	3
高新技术产业产值占规模以上工业总产值比重（%）	41.13	45.12	4	4
省级以上高新区规模以上工业主营业务收入占全市规模以上工业主营业务收入比重（%）	19.46	19.46	6	6
全员劳动生产率（万元/人）	17.16	19.86	3	3
万元 GDP 综合能耗较上年降低率（%）	5.58	4.40	11	6
创新环境指数（%）	71.32	125.14	5	1
研发费用加计扣除减免税占企业研发经费的比重（%）	2.62	10.01	6	1
每万名就业人员累计孵化企业数（个）	2.25	3.30	4	3
科学研究和技术服务业平均工资比较系数（%）	102.19	84.14	5	8
实际使用外资金额占地区 GDP 比重（%）	2.47	2.58	2	2
每万人互联网宽带接入用户数（万户）	0.34	0.36	3	3

十一、日照市

（一）科技创新发展情况

2018年，日照市按照新旧动能转换要求，以创建国家创新型城市为抓手，按照项目化、工程化思路加快各项工作落实，全市科技创新能力明显提升，创新活力显著增强。印发《日照市创建国家创新型城市实施方案》，明确提出把创新打造成日照最靓丽的城市名片和最强劲的发展引擎的目标。为此，先后出台技术创新中心、重点实验室等相关管理办法，举办省中小微企业创新竞技行动计划赛事等大型科技创新活动，营造了良好的创新创业氛围。日照市综合科技创新水平指数为46.48%，较上年提高3.47个百分点，位次比上年下降1位，列全省第13位。

企业创新能力明显增强。企业创新指数较上年提高15.05个百分点。有研发机构的规模以上工业企业占规模以上工业企业的比重位次提升5位；规模以上工业企业R&D人员占规模以上工业企业从业人员比重增幅居全省第5位。

创新资源增加明显。创新资源指数增幅居全省第2位。全社会研发经费支出占GDP比重位次上升9位，增幅列全省首位；地方财政科技支出占公共财政支出的比重位次上升2位；每万名就业人员中研发人员数较上年提升2位。

创新产出效率进一步提高。创新产出指数较上年提高近10个百分点。每万人发明专利拥有量较上年提升4位；每亿元GDP发明专利申请数增长了0.13件。

创新环境有待优化。创新环境指数较上年下降10.57个百分点。研发费用加计扣除减免税占企业研发经费的比重位次下降8位；实际使用外资金额占地区GDP比重位次下降6位。应加强科技创新政策的落实力度，提高外资利用水平，使得创新环境得到优化。

创新绩效较差。创新绩效指数居全省末位。高新技术产业产值占规模以上工业总产值比重下降幅度较大且位次落后，高新技术产业的产出效率还需进一步提高。日照市在万元GDP综合能耗这一指标上是全省唯一一个较上年上升的市，说明在能源利用方式、效率上需要进行大幅调整，产业结构调整形势严峻。

图3-11所示为日照市一级评价指标与上年水平比较情况。

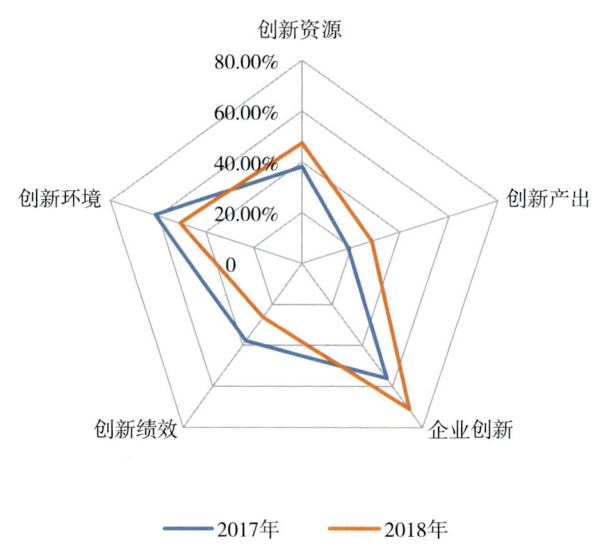

图3-11　日照市一级评价指标与上年水平比较

（二）创新发展主要指标分析及位次

地区生产总值（GDP）2202.17亿元，居全省第16位，比上年增长9.62%。全员劳动生产率11.70万元/人，居全省第8位；万元GDP综合能耗较上年增长8.42%，居全省第17位。

每万名就业人员中研发人员数32.57人年，较上年提高7.29人年，居全省第11位。地区R&D人员6133.1人年，比上年提高14.91%，居全省第15位。规模以上工业企业R&D人员占规模以上工业企业从业人员比重达到7.76%，居全省第5位。

全社会R&D经费支出48.36亿元，比上年增长43.68%；占GDP比重为

2.20%，比上年提高 0.52 个百分点，跃居全省第 6 位。R&D 经费中基础研究经费占比为 0.35%，居全省第 15 位。地方财政科技支出占公共财政支出的比重为 2.85%，比上年提高 1.07 个百分点，居全省第 6 位；规模以上工业企业 R&D 经费支出占主营业务收入比重为 1.73%，比上年提高 0.57 个百分点，居全省第 10 位。

高新技术企业 144 家，比上年增加 52 家，总数居全省第 13 位。高新技术企业数量占规模以上工业企业数量比重达到 19.30%，居全省第 7 位。高新技术产业产值同比增长 12.07%，占规模以上工业总产值的比重为 19.19%，比上年下降 5.48 个百分点，居全省第 16 位。

科技创新载体 55 家，其中省级重点实验室 1 家、省级工程技术研究中心 24 家、省级以上科技企业孵化器 9 家、省级以上众创空间 20 家、国家技术转移示范机构 1 家。

每亿元 GDP 发明专利申请数达到 0.44 件，较上年增加 0.13 件，居全省第 14 位；每万人发明专利拥有量 2.99 件，较上年增加 0.67 件，居全省第 12 位；年登记技术合同成交额 13.02 亿元，较上年增长 74.30%，成交额居全省第 14 位。

研发费用加计扣除减免税 0.67 亿元，占企业研发经费的比重达到 1.48%，比上年下降 0.87 个百分点。每万名就业人员累计孵化企业数为 2.27 个，居全省第 6 位。实际使用外资额 2.15 亿美元，占 GDP 的比重 0.65%，比上年下降 1.46 个百分点，居全省第 9 位。

表 3-11 所示为日照市各级指标值和位次与上年比较情况。

（三）产业发展情况

三次产业稳定增长。经济结构有待进一步调整。

十强产业投资快速增长。新一代信息技术产业、新能源、新材料产业、高端装备制造产业投资增长迅速，新旧动能转换后劲不断增强。新兴产业加快发展。规模以上医药制造业增加值增长 19.2%，环保专用设备制造业增长

15.4%，服务业营业收入增长 14.9%。

运用新技术改造钢铁及配套、汽车及零部件等传统产业，山东沿海先进钢铁制造产业基地建设全面铺开，山钢一期一步全面投产，日钢第 4 条 ESP 生产线建成投运，钢铁成为日照首个千亿级产业集群，建成全国第 4 家、全省第 1 家国家级钢铁质检中心已达到协议。

当前，面临经济下行压力较大，行业发展极不平衡，税收贡献主要来自钢铁、水泥、造纸等传统产业，新增长点不多。

今后，一是推动主导产业集群发展。规划建设钢铁产业研究院，深入开展高性能汽车钢热成形材料、工艺和装备研究等钢铁制造新产品、新工艺、新装备研究，打造国内领先、国际一流的钢铁产业技术创新平台。二是促进战略性新兴产业集聚发展。围绕新一代信息技术、生物医药及海洋工程装备等战略性新兴产业，瞄准新型显示、人工智能、大数据、云计算等关键技术，加大科技产业"双招双引"力度。三是助力现代农业创新发展。实行农业科技助力乡村振兴战略深耕行动计划。四是围绕新一代信息技术、新材料、智能制造、生物医药、现代海洋等产业，按照"产业链、创新链、人才链、资本链、服务链"的要求，制定产业技术路线图，围绕关键核心技术攻关或进行重大创新产品研发和产业化，提升产业创新水平，巩固和扩大产业优势地位，带动产业集群式发展。

第三部分 区域综合科技创新水平分析

表3–11 日照市各级指标值和位次与上年比较

指标名称	指标值 上年	指标值 当年	位次 上年	位次 当年
综合科技创新水平指数（%）	43.01	46.48	12	13
创新资源指数（%）	38.02	47.32	14	9
全社会研发（R&D）经费支出占地区生产总值（GDP）的比重（%）	1.68	2.20	15	6
地方财政科技支出占公共财政支出的比重（%）	1.78	2.85	8	6
每万名就业人员中研发人员数（人年）	25.28	32.57	13	11
基础研究经费支出占R&D经费支出的比重（%）	0.39	0.35	13	15
创新产出指数（%）	18.80	28.32	15	13
每亿元GDP年登记技术合同成交额（万元）	37.18	59.12	14	14
每亿元GDP发明专利申请数（件）	0.30	0.44	16	14
每万人发明专利拥有量（件）	2.32	2.99	16	12
企业创新指数（%）	56.18	71.23	9	6
规模以上工业企业R&D经费支出占主营业务收入的比重（%）	1.16	1.73	9	10
规模以上工业企业R&D人员占规模以上工业企业从业人员比重（%）	5.87	7.76	5	5
高新技术企业数量占规模以上工业企业数量比重（%）	12.52	19.30	8	7
有研发机构的规模以上工业企业占规模以上工业企业比重（%）	10.20	10.05	8	3
规模以上工业企业新产品销售收入占主营业务收入比重（%）	9.09	9.26	12	16
创新绩效指数（%）	37.99	26.39	17	17
高新技术产业产值占规模以上工业总产值比重（%）	24.67	19.19	16	16
省级以上高新区规模以上工业主营业务收入占全市规模以上工业主营业务收入比重（%）	3.84	3.84	14	14
全员劳动生产率（万元/人）	9.52	11.70	9	8
万元GDP综合能耗较上年降低率（%）	4.28	-8.42	14	17
创新环境指数（%）	61.37	50.80	7	13
研发费用加计扣除减免税占企业研发经费的比重（%）	2.34	1.48	8	16
每万名就业人员累计孵化企业数（个）	1.44	2.27	6	6
科学研究和技术服务业平均工资比较系数（%）	112.81	124.17	4	3
实际使用外资金额占地区GDP比重（%）	2.10	0.65	3	9
每万人互联网宽带接入用户数（万户）	0.26	0.28	9	10

十二、莱芜市

（一）科技创新发展情况

2018 年，莱芜市综合科技创新水平指数为 50.48%，较上年下降 3.42 个百分点，居全省第 9 位。

企业创新能力增强。企业创新指数 69.02%，较上年提高 6.52 个百分点，居全省第 7 位。规模以上工业企业 R&D 人员占规模以上工业企业从业人员比重位次较上年提升 1 位，居全省第 3 位；高新技术企业数量占规模以上工业企业数量的比重居全省第 8 位；有研发机构的规模以上工业企业占规模以上工业企业的比重位次上升 4 位；企业新产品销售收入占主营业务收入的比重位次保持全省第 4 位。

创新产出效率提高。创新产出指数较上年增长 5.23 个百分点。每万人发明专利拥有量保持全省第 5 位；每亿元 GDP 发明专利申请数较上年增加 0.11 件；每亿元 GDP 年登记技术合同成交额较上年增加 8.09 万元。

创新资源一般，但研发经费投入强度跃居全省第 1 位。创新资源指数下降 1.45 个百分点，居全省第 10 位；全社会研发经费支出占 GDP 比重位次上升 6 位；地方财政科技支出占公共财政支出的比重位次下降 3 位，下降 0.53 个百分点；基础研究经费支出占 R&D 经费支出的比重位次下降 2 位，居全省第 17 位。应采取措施加大研发经费的投入力度，合理配置创新资源，加强相关政策的宣传。

创新绩效较差。创新绩效指数下降且位次下降 5 位。高新技术产业产值占规模以上工业总产值比重下降了 50.42%；万元 GDP 综合能耗较上年降低率收窄。产业结构调整的压力依然较大，亟须加快产业转型升级的步伐。

创新环境有待进一步优化。创新环境指数较上年下降近 20 个百分点，位次下降 9 位。研发费用加计扣除减免税占企业研发经费的比重位次下降 12 位；每万名就业人员累计孵化企业数位次下降2位;实际使用外资金额占GDP比重位次下降1位。

图3-12所示为莱芜市一级评价指标与上年水平比较情况。

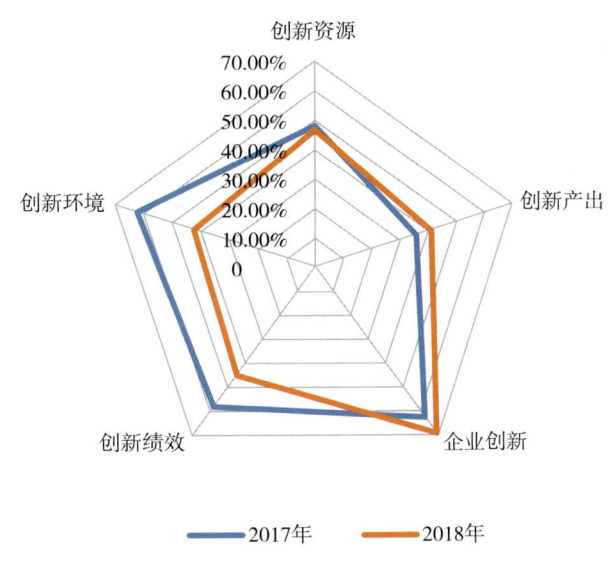

图3-12 莱芜市一级评价指标与上年水平比较

(二) 创新发展主要指标分析及位次

地区生产总值(GDP)1005.65亿元,居全省第17位,比上年增长12.37%。全员劳动生产率11.87万元/人,居全省第7位;万元GDP综合能耗较上年降低率为4.25%,居全省第7位。

每万名就业人员中研发人员数59.86人年,较上年提高14.00人年,居全省第7位。地区R&D人员5070.2人年,比上年增长21.76%,居全省第16位。规模以上工业企业R&D人员占规模以上工业企业从业人员比重达到8.99%,居全省第3位。

全社会R&D经费支出26.98亿元,比上年增长17.31%;占GDP比重为2.68%,比上年提高0.11个百分点,占比居全省第1位。R&D经费中基础研究经费占比为0.25%,居全省第17位。地方财政科技支出占公共财政支出的比重为1.17%,比上年下降0.53个百分点,居全省第12位;规模以上工业企业 R&D 经费支出占主营业务收入比重为 1.28%，比上年下降 0.12 个百分点，居全省第 13 位。

高新技术企业 89 家，比上年增加 15 家，总数居全省第 17 位。高新技术企业数量占规模以上工业企业数量比重达到 16.15%，居全省第 8 位。高新技术产业产值同比增长 6.83%，占规模以上工业总产值的比重为 11.22%，比上年下降 11.41 个百分点，居全省第 17 位。

科技创新载体 35 家，其中省级重点实验室 1 家、省级工程技术研究中心 29 家、省级以上科技企业孵化器 2 家、省级以上众创空间 3 家。

每亿元 GDP 发明专利申请数达到 0.63 件，较上年提高 0.11 件，居全省第 10 位；每万人发明专利拥有量 9.14 件，较上年增加 0.93 件，居全省第 5 位；年登记技术合同成交额 6.23 亿元，较上年增长 29.25%，成交额居全省第 17 位。

研发费用加计扣除减免税 0.52 亿元，占企业研发经费的比重为 1.93%，比上年下降 1.63 个百分点。实际使用外资额 0.10 亿美元，占 GDP 的比重 0.07%，比上年下降 0.18 个百分点，居全省第 17 位。

表 3-12 所示为莱芜市各级指标值和位次与上年比较情况。

（三）产业发展情况

经济运行稳中有进，现代农业提质增效，工业经济提档升级，规模以上工业增加值 125.2 亿元，传统产业加快升级。现代服务业提速扩量，服务增加值增长 8.1%。

新旧动能加快转换。坚持以加快新旧动能转换为统领，在改造提升传统产业的同时，积极培育"四新"经济，为经济持续健康发展提供动力。新开工项目 80 个，山能重装等 7 个项目入选全省新旧动能转换重大项目库。

加快产业转型升级步伐，现代服务业占比达到 42.3%，高新技术产业产值占比达到 11.22%，智能制造、跨境电子商务等一批新产业新业态新模式不断涌现。

今后，全力培育高素质产业，打造优势产业，聚焦"4+3"产业体系，推动产业集群化发展。坚持绿色发展导向，加快构建绿色产业体系。

区域综合科技创新水平分析 | 第三部分

表 3-12 莱芜市各级指标值和位次与上年比较

指标名称	指标值		位次	
	上年	当年	上年	当年
综合科技创新水平指数（%）	53.90	50.48	7	9
创新资源指数（%）	48.30	46.85	10	10
全社会研发（R&D）经费支出占地区生产总值（GDP）的比重（%）	2.57	2.68	7	1
地方财政科技支出占公共财政支出的比重（%）	1.70	1.17	9	12
每万名就业人员中研发人员数（人年）	45.86	59.86	7	7
基础研究经费支出占 R&D 经费支出的比重（%）	0.24	0.25	15	17
创新产出指数（%）	35.81	41.04	7	10
每亿元 GDP 年登记技术合同成交额（万元）	53.86	61.95	10	13
每亿元 GDP 发明专利申请数（件）	0.52	0.63	9	10
每万人发明专利拥有量（件）	8.21	9.14	5	5
企业创新指数（%）	62.49	69.02	6	7
规模以上工业企业 R&D 经费支出占主营业务收入的比重（%）	1.40	1.28	4	13
规模以上工业企业 R&D 人员占规模以上工业企业从业人员比重（%）	5.88	8.99	4	3
高新技术企业数量占规模以上工业企业数量比重（%）	12.80	16.15	7	8
有研发机构的规模以上工业企业占规模以上工业企业比重（%）	6.06	6.17	15	11
规模以上工业企业新产品销售收入占主营业务收入比重（%）	20.44	20.18	4	4
创新绩效指数（%）	57.96	44.86	9	14
高新技术产业产值占规模以上工业总产值比重（%）	22.63	11.22	17	17
省级以上高新区规模以上工业主营业务收入占全市规模以上工业主营业务收入比重（%）	19.40	19.40	7	7
全员劳动生产率（万元/人）	9.86	11.87	8	7
万元 GDP 综合能耗较上年降低率（%）	7.71	4.25	7	7
创新环境指数（%）	62.22	42.53	6	15
研发费用加计扣除减免税占企业研发经费的比重（%）	3.56	1.93	2	14
每万名就业人员累计孵化企业数（个）	0.32	0.25	14	16
科学研究和技术服务业平均工资比较系数（%）	59.14	80.05	16	10
实际使用外资金额占地区 GDP 比重（%）	0.25	0.07	16	17
每万人互联网宽带接入用户数（万户）	0.29	0.33	6	6

十三、临沂市

（一）科技创新发展情况

2018年，临沂市立足当前环境形势，紧密结合新旧动能转换，提高区域创新能力，强化高新技术企业培育，积极推进创新型产业集群发展，加快推进"四位一体"农业科技创新体系建设，各项工作取得明显成效。临沂市综合科技创新水平指数为41.71%，较上年提高2.06个百分点，位次由上年的第14位下降至第16位。

创新环境实现优化。创新环境指数62.77%，较上年提高17.27个百分点，居全省第9位。研发费用加计扣除减免税占企业研发经费的比重是上年的2.91倍，位次提升8位；每万名就业人员累计孵化企业数位次上升3位。

创新绩效一般，绩效指数较上年提升2个位次。万元GDP综合能耗虽低于上年降低幅度，但位次上升3位；高新技术产业产值占规模以上工业总产值比重位次较上年提升1位。

创新资源劣势明显。创新资源指数位次落后，居全省第14位。地方财政科技支出占公共财政支出的比重、每万名就业人员中研发人员数继续保持全省第15位；基础研究经费支出占R&D经费支出的比重位次下降7位。研发经费投入强度位次有较大提升。应加大财政对科技投入的力度，合理配置创新资源，强化对基础研究的重视和战略部署，提高原始创新能力。

创新产出效率较低，创新产出指数较上年提高4.23个百分点，但位次下降3位。每亿元GDP年登记技术合同成交额、每万人发明专利拥有量位次均较上年下降2位，创新产出效率还应进一步提高。

企业创新能力有待进一步增强。企业创新指数42.61%，位次下降2位。规模以上工业企业R&D经费支出占主营业务收入的比重、规模以上工业企业R&D人员占规模以上工业企业从业人员比重、规模以上工业企业新产品销售收入占主营业务收入比重位次均较上年下降 1 位。

图 3-13 所示为临沂市一级评价指标与上年水平比较情况。

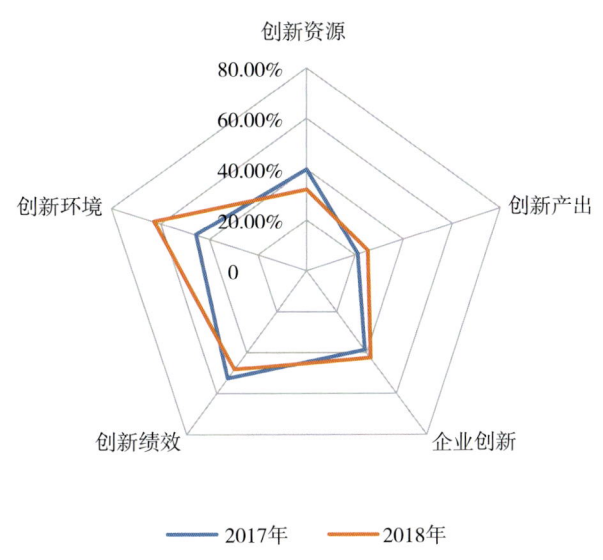

图 3-13　临沂市一级评价指标与上年水平比较

（二）创新发展主要指标分析及位次

地区生产总值（GDP）4717.8 亿元，居全省第 7 位，比上年增长 8.95%。全员劳动生产率 7.16 万元/人，居全省第 16 位；万元 GDP 综合能耗较上年降低率达 5.43%，居全省第 3 位。

每万名就业人员中研发人员数 24.51 人年，较上年提高 1.86 人年，居全省第 15 位。地区 R&D 人员 16 145.8 人年，比上年增长 3.55%，居全省第 7 位。规模以上工业企业 R&D 人员占规模以上工业企业从业人员比重为 3.73%，居全省第 15 位。

全社会 R&D 经费支出 100.63 亿元，比上年增长 0.18%；占 GDP 比重为 2.13%，比上年下降 0.19 个百分点，居全省第 7 位。R&D 经费中基础研究经费占比为 0.79%，居全省第 13 位。地方财政科技支出占公共财政支出的比重为 0.68%，比上年下降 0.09 个百分点，居全省第 15 位；规模以上工业企业

R&D 经费支出占主营业务收入比重为 1.06%，比上年提高 0.20 个百分点，居全省第 14 位。

高新技术企业 369 家，比上年增加 98 家，总数居全省第 8 位。高新技术企业数量占规模以上工业企业数量比重为 8.47%，居全省第 14 位。高新技术产业产值同比增长 21.42%，占规模以上工业总产值的比重达 30.62%，比上年提高 1.14 个百分点，居全省第 12 位。

科技创新载体 105 家，其中省级重点实验室 9 家、省级工程技术研究中心 47 家、省级以上科技企业孵化器 21 家、省级以上众创空间 28 家。

每亿元 GDP 发明专利申请数为 0.47 件，较上年增加 0.04 件，居全省第 12 位；每万人发明专利拥有量 2.83 件，较上年增加 0.23 件，居全省第 14 位；年登记技术合同成交额 23.34 亿元，较上年增长 39.34%，成交额居全省第 11 位。

研发费用加计扣除减免税 4.73 亿元，占企业研发经费的比重达到 4.82%，比上年提高 3.16 个百分点。每万名就业人员累计孵化企业数为 1.14 个，居全省第 9 位。实际使用外资额 2.27 亿美元，占 GDP 的比重 0.32%，比上年提高 0.03 个百分点，居全省第 13 位。

表 3-13 所示为临沂市各级指标值和位次与上年比较情况。

（三）产业发展情况

三次产业增势稳定，产业结构趋优。农业向稳产提质发展，工业向高端迈进，服务业主引擎作用巩固。

新产业加速成长。"四新一高"产业、高技术制造业产值分别增长 22.5%、18%，信息技术、新材料、先进装备制造加快成长；1400 万吨高端不锈钢和特钢制造业集群纳入全省先进制造产业发展规划，电子元器件及其功能材料成为国有创新型产业集群试点。

当前，新旧动能转换步伐有待加快，旧动能层次低、新动能体量小矛盾突出。八大主导产业中有 4 个属于产能限制行业，现代服务业贡献率低于传统服务业，高新技术产业产值占比落后全省平均水平。

第三部分 区域综合科技创新水平分析

今后,发挥现有科技创新产业化基地的集群效应,持续加大创新要素投入,在先进制造业、医养健康产业、电子信息、新材料新技术、新型肥业、木制品产业、现代高效农业等产业领域重点打造一批创新型产业集群。

表 3-13 临沂市各级指标值和位次与上年比较

指标名称	指标值		位次	
	上年	当年	上年	当年
综合科技创新水平指数（%）	39.65	41.71	14	16
创新资源指数（%）	39.75	31.85	12	14
全社会研发（R&D）经费支出占地区生产总值（GDP）的比重（%）	2.32	2.13	11	7
地方财政科技支出占公共财政支出的比重（%）	0.78	0.68	15	15
每万名就业人员中研发人员数（人年）	22.65	24.51	15	15
基础研究经费支出占 R&D 经费支出的比重（%）	0.99	0.79	6	13
创新产出指数（%）	21.05	25.28	12	15
每亿元 GDP 年登记技术合同成交额（万元）	38.68	49.47	13	15
每亿元 GDP 发明专利申请数（件）	0.44	0.47	14	12
每万人发明专利拥有量（件）	2.60	2.83	12	14
企业创新指数（%）	38.68	42.61	14	16
规模以上工业企业 R&D 经费支出占主营业务收入的比重（%）	0.85	1.06	13	14
规模以上工业企业 R&D 人员占规模以上工业企业从业人员比重（%）	3.31	3.73	14	15
高新技术企业数量占规模以上工业企业数量比重（%）	6.18	8.47	14	14
有研发机构的规模以上工业企业占规模以上工业企业比重（%）	7.64	6.08	13	12
规模以上工业企业新产品销售收入占主营业务收入比重（%）	7.67	9.44	13	14
创新绩效指数（%）	52.86	48.32	13	11
高新技术产业产值占规模以上工业总产值比重（%）	29.48	30.62	13	12
省级以上高新区规模以上工业主营业务收入占全市规模以上工业主营业务收入比重（%）	12.20	12.20	10	10
全员劳动生产率（万元/人）	6.29	7.16	16	16
万元 GDP 综合能耗较上年降低率（%）	7.86	5.43	6	3
创新环境指数（%）	45.50	62.77	14	9
研发费用加计扣除减免税占企业研发经费的比重（%）	1.66	4.82	13	5
每万名就业人员累计孵化企业数（个）	0.62	1.14	12	9
科学研究和技术服务业平均工资比较系数（%）	90.52	79.30	9	11
实际使用外资金额占地区 GDP 比重（%）	0.28	0.32	12	13
每万人互联网宽带接入用户数（万户）	0.21	0.24	15	15

十四、德州市

（一）科技创新发展情况

2018年，德州市以新旧动能转换重大工程为引领，以建设创新型城市为目标，着力构建全市科技创新生态体系。成功举办第三届京津冀鲁技术交易大会，深入推进科技金融产业融合创新，加快山东省技术转移转化中心等创新创业平台建设，全面提高区域创新能力。德州市综合科技创新水平指数为47.13%，较上年提高12.16个百分点，居全省第12位，较上年位次提升3位。

企业创新能力增强。企业创新指数59.42%，较上年实现翻番，位次提升6位。规模以上工业企业R&D经费支出占主营业务收入的比重是去年的4.39倍，位次上升13位；规模以上工业企业新产品销售收入占主营业务收入比重位次较上年提升7位；规模以上工业企业R&D人员占规模以上工业企业从业人员比重位次较上年提升3位。

创新环境改善较大。创新环境指数提高14.41个百分点，居全省第10位。研发费用加计扣除减免税占企业研发经费的比重位次较上年提升3位；实际使用外资金额占地区GDP比重位次较上年提升2位。

创新资源增加明显，资源指数增幅全省最高。全社会研发经费支出占GDP比重位次上升5位；地方财政科技支出占公共财政支出的比重位次上升8位且增幅较大；每万名就业人员中研发人员数位次提升2位。基础研究经费支出占R&D经费支出的比重较上年下降了近50%，位次下降了6位，应加大基础研究的投入力度，优化研发经费结构，鼓励原始创新。

创新产出较低，创新产出指数较上年提高1.47个百分点，指数及提高幅度均居全省末位。每万人发明专利拥有量位次下降5位，专利的存量水平有待提高。

创新绩效水平不高。创新绩效指数下降6.78个百分点，位次下降2位。万元 GDP 综合能耗下降幅度收窄，位次下降 7 位，产业结构还应进行进一步调整和优化。

图 3-14 所示为德州市一级评价指标与上年水平比较情况。

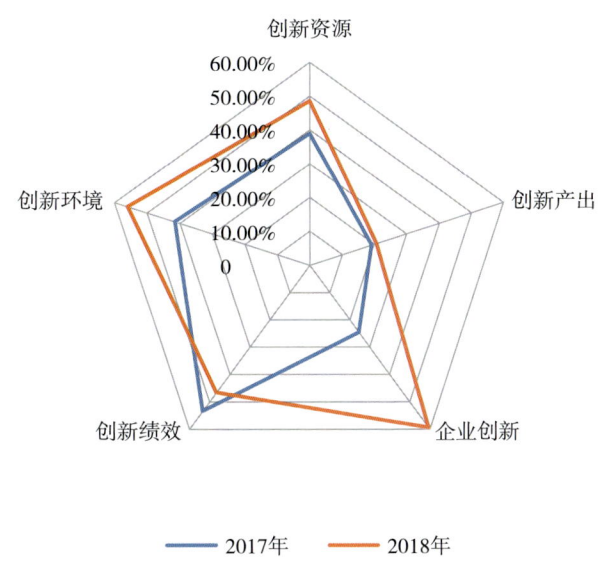

图 3-14　德州市一级评价指标与上年水平比较

（二）创新发展主要指标分析及位次

地区生产总值（GDP）3380.30 亿元，居全省第 11 位，比上年增长 7.60%。全员劳动生产率 9.35 万元/人，居全省第 14 位；万元 GDP 综合能耗较上年降低率为 3.60%，居全省第 10 位。

每万名就业人员中研发人员数 32.43 人年，较上年提高 8.66 人年，居全省第 12 位。地区 R&D 人员 11 722.6 人年，比上年增长 24.75%，居全省第 10 位。规模以上工业企业 R&D 人员占规模以上工业企业从业人员比重为 3.92%，居全省第 13 位。

全社会 R&D 经费支出 66.75 亿元，比上年增长 29.87%；占 GDP 比重为 1.97%，比上年提高 0.34 个百分点，居全省第 11 位。R&D 经费中基础研究经费占比为 0.34%，降至全省第 16 位。地方财政科技支出占公共财政支出的比重为3.32%，比上年提高1.89个百分点，跃居全省第3位；规模以上工业企业R&D经费支出占主营业务收入比重为2.10%，比上年提高1.62个百分点，跃居全省第4位。

高新技术企业195家，比上年增加38家，总数居全省第11位。高新技术企业数量占规模以上工业企业数量比重为6.67%，居全省第16位。高新技术产业产值同比增长9.18%，占规模以上工业总产值的比重达38.10%，比上年提高7.14个百分点，居全省第6位。

科技创新载体107家，其中省级重点实验室7家、省级工程技术研究中心46家、省级以上科技企业孵化器22家、省级以上众创空间32家。

每亿元GDP发明专利申请数达到0.43件，较上年增加0.10件，居全省第15位；每万人发明专利拥有量2.79件，较上年增加0.08件，居全省第16位；年登记技术合同成交额12.49亿元，较上年增长11.12%，成交额居全省第15位。

研发费用加计扣除减免税2.62亿元，占企业研发经费的比重达到4.05%，比上年提高2.39个百分点。每万名就业人员累计孵化企业数为1.10个，居全省第10位。实际使用外资额2.08亿美元，占GDP的比重0.41%，比上年提高0.13个百分点，居全省第11位。

表3-14所示为德州市各级指标值和位次与上年比较情况。

（三）产业发展情况

三次产业平稳增长。农林牧渔业增加值增长3.7%，农业形势稳定；规模以上工业增加值增长7.3%，高质量发展基础不断夯实。

动能发展持续转换。六大战略性新兴产业引领作用增强，高端装备制造、生物制造、现代医药等六大新兴产业利润增长39.9%，比上年提高23.9个百分点。其中，现代医药（器械）、生物制造、新一代信息技术利润分别增长31.4%、43.6%、74.3%，分别比上年提高8.9、42.8、11.4个百分点。

当前，动能转换尚需进一步加大力度。服务业拉动力需进一步提升，总体规模偏小。传统产业占比超过六成，重化工业占传统产业的 37.7%。新兴产业规模小，实力不强。

今后，加快产业转型升级，淘汰落后产能，改造提升传统产业，培育壮大新兴产业。聚焦化工、纺织服装、农副产品深加工、装备制造等传统优势产业，提高产业集中度和价值链，促进产业迈向中高端。大力培育高端装备制造、生物技术、新能源、新材料、医养健康、现代农业等新兴产业，推进先进制造业与现代服务业深度融合。

表 3–14　德州市各级指标值和位次与上年比较

指标名称	指标值		位次	
	上年	当年	上年	当年
综合科技创新水平指数（%）	34.97	47.13	15	12
创新资源指数（%）	38.84	48.43	13	7
全社会研发（R&D）经费支出占地区生产总值（GDP）的比重（%）	1.64	1.97	16	11
地方财政科技支出占公共财政支出的比重（%）	1.43	3.32	11	3
每万名就业人员中研发人员数（人年）	23.77	32.43	14	12
基础研究经费支出占 R&D 经费支出的比重（%）	0.68	0.34	10	16
创新产出指数（%）	19.22	20.69	14	17
每亿元 GDP 年登记技术合同成交额（万元）	35.78	36.95	15	16
每亿元 GDP 发明专利申请数（件）	0.33	0.43	15	15
每万人发明专利拥有量（件）	2.71	2.79	11	16
企业创新指数（%）	24.69	59.42	17	11
规模以上工业企业 R&D 经费支出占主营业务收入的比重（%）	0.48	2.10	17	4
规模以上工业企业 R&D 人员占规模以上工业企业从业人员比重（%）	2.83	3.92	16	13
高新技术企业数量占规模以上工业企业数量比重（%）	5.15	6.67	15	16
有研发机构的规模以上工业企业占规模以上工业企业比重（%）	4.63	5.58	17	16
规模以上工业企业新产品销售收入占主营业务收入比重（%）	3.79	14.61	17	10
创新绩效指数（%）	53.40	46.62	11	13
高新技术产业产值占规模以上工业总产值比重（%）	30.96	38.10	9	6
省级以上高新区规模以上工业主营业务收入占全市规模以上工业主营业务收入比重（%）	7.47	7.47	11	11
全员劳动生产率（万元/人）	7.95	9.35	13	14
万元 GDP 综合能耗较上年降低率（%）	8.51	3.60	3	10
创新环境指数（%）	41.51	55.91	16	10
研发费用加计扣除减免税占企业研发经费的比重（%）	1.66	4.05	12	9
每万名就业人员累计孵化企业数（个）	0.67	1.10	11	10
科学研究和技术服务业平均工资比较系数（%）	60.29	62.44	15	16
实际使用外资金额占地区 GDP 比重（%）	0.28	0.41	13	11
每万人互联网宽带接入用户数（万户）	0.22	0.25	14	13

十五、聊城市

（一）科技创新发展情况

2018年，聊城市不断完善科技创新体系，积极开展创新型城市建设，聚力培育创新型企业，加快建设各类创新载体，持续优化创新环境，创新能力大幅提升。聊城市综合科技创新水平指数达48.81%，较上年提高14.29个百分点，位次由上年的第16位上升至第11位。

创新产出提升明显，产出指数实现翻倍。每亿元GDP年登记技术合同成交额是上年的3.19倍，位次上升7位。

创新绩效水平提升显著，绩效指数大幅提升，位次较上年提高9位。万元GDP综合能耗降低幅度远高于上年，位次由上年的第12位上升至第2位。

企业创新能力进一步增强。企业创新指数较上年提高27.11个百分点，居全省第9位。规模以上工业企业新产品销售收入占主营业务收入比重是上年的2.39倍，跃居至全省首位；规模以上工业企业R&D经费支出占主营业务收入的比重位次较上年提升4位；规模以上工业企业R&D人员占规模以上工业企业从业人员比重位次较上年提升3位。有研发机构的规模以上工业企业占规模以上工业企业比重下降至全省最低，政府应积极支持引导企业设立研发机构，开展研发活动，激发企业创新活力。

创新资源劣势明显，资源指数下降且位次落后。全社会研发经费支出占GDP比重位次较上年下降1位；地方财政科技支出占公共财政支出的比重降至全省末位。应引起政府的高度重视，优化科技资源配置，加大科技经费投入力度，加强研发经费相关政策的宣传。

创新环境亟须改善，环境指数居全省末位。各项指标在全省的位次比较落后，应积极营造创新创业氛围，加强普惠性政策的落实和宣传，提高科研人员的待遇，吸引外商投资。

图 3 – 15 所示为聊城市一级评价指标与上年水平比较情况。

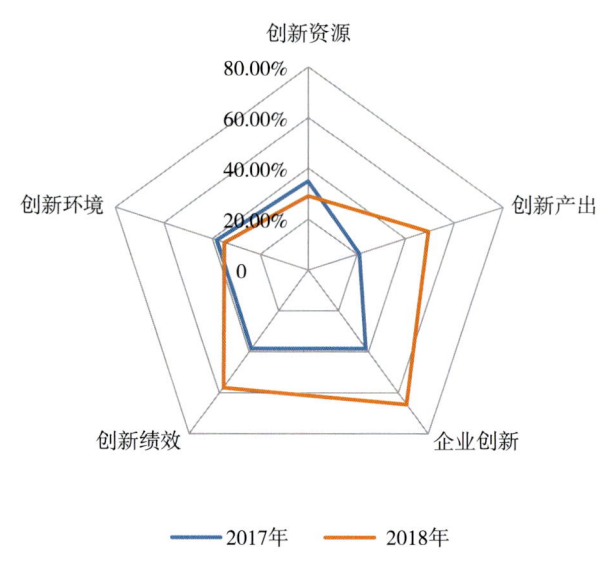

图 3 – 15 聊城市一级评价指标与上年水平比较

（二）创新发展主要指标分析及位次

地区生产总值（GDP）3152.15 亿元，居全省第 12 位，比上年增长 4.60%。全员劳动生产率 8.36 万元/人，居全省第 15 位；万元 GDP 综合能耗较上年降低率达 11.22%，居全省第 2 位。

每万名就业人员中研发人员数 22.54 人年，较上年提高 4.53 人年，居全省第 16 位。地区 R&D 人员 8500.6 人年，比上年增长 14.05%，居全省第 12 位。规模以上工业企业 R&D 人员占规模以上工业企业从业人员比重为 4.41%，居全省第 10 位。

全社会 R&D 经费支出 59.09 亿元，比上年减少 10.64%；占 GDP 比重为 1.87%，比上年下降 0.32 个百分点，居全省第 13 位。R&D 经费中基础研究经费占比达到 1.56%，跃至全省第 6 位。地方财政科技支出占公共财政支出的比重为 0.35%，比上年下降 0.13 个百分点，居全省末位；规模以上工业企业 R&D 经费支出占主营业务收入比重为 1.77%，比上年提高 0.89 个百分点，居全省第 8 位。

高新技术企业 158 家，比上年增加 61 家，总数居全省第 12 位。高新技术企业数量占规模以上工业企业数量比重达到 8.00%，居全省第 15 位。高新技术产业产值同比增长 4.55%，占规模以上工业总产值的比重为 31.69%，比上年提高 1.66 个百分点，居全省第 11 位。

科技创新载体 58 家，其中省级重点实验室 6 家、省级工程技术研究中心 30 家、省级以上科技企业孵化器 5 家、省级以上众创空间 17 家。

年登记技术合同成交额 39.02 亿元，较上年增长 233.22%，成交额居全省第 10 位。每亿元 GDP 发明专利申请数为 0.46 件，较上年增加 0.02 件，居全省第 13 位；每万人发明专利拥有量 2.82 件，较上年增加 0.28 件，居全省第 15 位；

研发费用加计扣除减免税 0.70 亿元，占企业研发经费的比重达到 1.24%，比上年提高 0.22 个百分点。每万名就业人员累计孵化企业数为 0.35 个，居全省第 15 位。实际使用外资额 0.76 亿美元，占 GDP 的比重 0.16%，比上年下降 0.07 个百分点，居全省第 16 位。

表 3-15 所示为聊城市各级指标值和位次与上年比较情况。

（三）产业发展情况

三产结构调整步伐加快。第三产业比重首次突破 40%，服务业对经济增长的拉动作用进一步增强。

当前，全市经济仍以传统产业为主导，产品、产业结构不优，高精尖产业链较少。六大高耗能行业实现工业增加值比上年增长 17.5%。新动能发展规模偏小，拉动力不足。新产业、新业态发展态势虽然较快，但不成规模，竞争力不强。"四新"产业发展的环境支撑不够。

今后，全力推进传统产业转型升级，新兴产业扩量提质、制定九大产业集群专项规划等一系列产业集群建设工程，做强做大龙头企业，做长做强产业链条，优化综合配套服务，实现产业链、创新链、金融链、人才链、要素链的融通互联，培育一批具有高成长性的、具有国内领先水平的产业集群。

表 3-15　聊城市各级指标值和位次与上年比较

指标名称	指标值		位次	
	上年	当年	上年	当年
综合科技创新水平指数（%）	34.52	48.81	16	11
创新资源指数（%）	35.01	29.19	15	15
全社会研发（R&D）经费支出占地区生产总值（GDP）的比重（%）	2.19	1.87	12	13
地方财政科技支出占公共财政支出的比重（%）	0.48	0.35	16	17
每万名就业人员中研发人员数（人年）	18.01	22.54	16	16
基础研究经费支出占 R&D 经费支出的比重（%）	0.44	1.56	12	6
创新产出指数（%）	21.02	49.39	13	9
每亿元 GDP 年登记技术合同成交额（万元）	38.86	123.79	12	5
每亿元 GDP 发明专利申请数（件）	0.44	0.46	13	13
每万人发明专利拥有量（件）	2.54	2.82	13	15
企业创新指数（%）	38.35	65.45	15	9
规模以上工业企业 R&D 经费支出占主营业务收入的比重（%）	0.89	1.77	12	8
规模以上工业企业 R&D 人员占规模以上工业企业从业人员比重（%）	3.50	4.41	13	10
高新技术企业数量占规模以上工业企业数量比重（%）	4.17	8.00	16	15
有研发机构的规模以上工业企业占规模以上工业企业比重（%）	4.73	2.84	16	17
规模以上工业企业新产品销售收入占主营业务收入比重（%）	12.88	30.77	7	1
创新绩效指数（%）	38.34	57.24	16	7
高新技术产业产值占规模以上工业总产值比重（%）	30.03	31.69	11	11
省级以上高新区规模以上工业主营业务收入占全市规模以上工业主营业务收入比重（%）	2.57	2.57	16	16
全员劳动生产率（万元/人）	7.28	8.36	15	15
万元 GDP 综合能耗较上年降低率（%）	4.54	11.22	12	2
创新环境指数（%）	38.10	35.11	17	17
研发费用加计扣除减免税占企业研发经费的比重（%）	1.02	1.24	16	17
每万名就业人员累计孵化企业数（个）	0.26	0.35	17	15
科学研究和技术服务业平均工资比较系数（%）	95.13	98.40	8	6
实际使用外资金额占地区 GDP 比重（%）	0.23	0.16	17	16
每万人互联网宽带接入用户数（万户）	0.21	0.24	16	16

第三部分 区域综合科技创新水平分析

十六、滨州市

（一）科技创新发展情况

2018年，滨州市聚集新旧动能转换重大工程，整合科技资源，增强创新能力，加快创新型城市建设，先后出台科技体制改革、科技成果转化、创新型城市建设、高企培育、科技人才等一系列文件，优化创新生态环境。滨州市综合科技创新水平指数为46.35%，较上年降低4.77个百分点，位次由上年的第10位下降至第14位，下滑位次最大。

创新环境改善明显，环境指数居全省第5位。研发费用加计扣除减免税占企业研发经费的比重较上年增长1.10倍，位次上升3位；每万人互联网宽带接入用户数位次上升1位。

创新资源优势不明显。资源指数下降，但位次上升2位。研发投入降低，2018年，全社会研发经费支出较上年减少14.09亿元，占GDP比重较上年下降0.57个百分点，位次由上年的第3位下降至第9位。应高度重视此指标下降的原因，加大研发投入力度。

企业创新能力下降。企业创新指数下降14.53个百分点，位次下降8位。规模以上工业企业新产品销售收入占主营业务收入比重位次由上年的第1位下降至第12位；规模以上工业企业R&D经费支出占主营业务收入的比重位次下降2位；规模以上工业企业R&D人员占规模以上工业企业从业人员比重位次下降1位。虽然面临产业转型升级的巨大压力，但应采取措施进一步优化营商环境，加大政策解读力度，进一步激活民间投资，激发企业创新活力，提高企业整体的竞争力。

创新产出较低，产出指数提高6.26个百分点，居全省第16位。每万人发明专利拥有量指数提高0.33个百分点，位次与上年持平；每亿元GDP技术合同成交额位次居全省末位。应制定政策，加快科技成果转化，提高科技产出效率，鼓励企业创新。

图 3-16 所示为滨州市一级评价指标与上年水平比较情况。

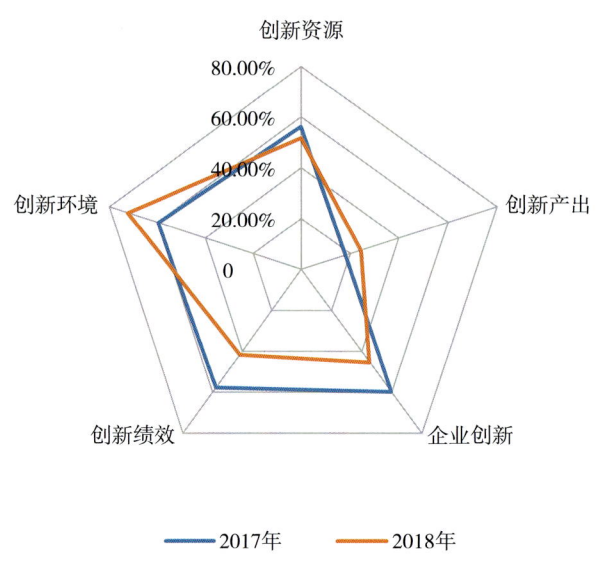

图 3-16　滨州市一级评价指标与上年水平比较

（二）创新发展主要指标分析及位次

地区生产总值（GDP）2640.52 亿元，居全省第 14 位，比上年增长 1.51%。全员劳动生产率 10.59 万元/人，居全省第 10 位；万元 GDP 综合能耗较上年降低率达 4.91%，居全省第 4 位。

每万名就业人员中研发人员数 43.43 人年，较上年提高 4.20 人年，居全省第 8 位。地区 R&D 人员 10 825.9 人年，比上年下降 1.86%，居全省第 11 位。规模以上工业企业 R&D 人员占规模以上工业企业从业人员比重为 4.73%，居全省第 9 位。

全社会 R&D 经费支出 54.26 亿元，比上年减少 20.62%；占 GDP 比重为 2.06%，比上年下降 0.57 个百分点，降至全省第 9 位。R&D 经费中基础研究经费占比为 1.16%，居全省第 8 位。地方财政科技支出占公共财政支出的比重为 2.95%，比上年提高 0.04 个百分点，居全省第 4 位；规模以上工业企业

R&D 经费支出占主营业务收入比重为 0.64%，比上年下降 0.14 个百分点，居全省第 16 位。

高新技术企业 124 家，比上年增加 24 家，总数居全省第 15 位。高新技术企业数量占规模以上工业企业数量比重为 9.60%，居全省第 13 位。高新技术产业产值同比增长 0.45%，占规模以上工业总产值的比重达 29.71%，比上年提高 2.40 个百分点，居全省第 14 位。

科技创新载体 58 家，其中省级重点实验室 5 家、省级工程技术研究中心 34 家、省级技术创新中心 1 家、省级以上科技企业孵化器 3 家、省级以上众创空间 15 家。

每亿元 GDP 发明专利申请数达到 0.61 件，较上年增加 0.11，居全省第 11 位；万人发明专利拥有量 4.42 件，较上年增加 0.33 件，居全省第 9 位；年登记技术合同成交额 9.27 亿元，较上年增长 71.67%，成交额居全省第 16 位。

研发费用加计扣除减免税 2.61 亿元，占企业研发经费的比重达到 5.06%，比上年提高 2.65 个百分点。每万名就业人员累计孵化企业数为 0.61 个，居全省第 13 位。实际使用外资额 2.03 亿美元，占 GDP 的比重为 0.51%，比上年下降 0.18 个百分点，居全省第 10 位。

表 3-16 所示为滨州市各级指标值和位次与上年比较情况。

（三）产业发展情况

服务业主导地位稳步提高，软件和信息技术服务业营业收入增长 343.4%。化工产业转型升级加快步伐，全年化工行业工业增加值同比增长 0.03%，62.5% 的企业开展了设备升级改造。

传统产业通过技术创新实现动能转换迈出坚实步伐，纺织业、农副食品加工业、化学原料和化学制品制造业研发投入不断加大。减煤炭和发展新能源并重，能源生产结构不断优化。

当前，一方面高耗能行业为主的产业结构短期内不能改变，发电、炼焦和有色金属等六大高耗能行业实现工业增加值和利润占规模以上工业的七成。另一方面新产业发展没有形成规模,"四新"企业处于成长初期,竞争力较弱,无法支撑起经济增长。

今后,发挥滨州高端铝产业集群优势,积极争创山东省高端铝合金材料技术创新中心,带动铝产业向中高端迈进。以大豆、玉米、小麦3个国家级产业技术创新中心为依托,建设一批省级重点实验室、工程技术研究中心、技术创新中心,纵深延长粮食精深加工产业链。

第三部分 区域综合科技创新水平分析

表 3-16　滨州市各级指标值和位次与上年比较

指标名称	指标值 上年	指标值 当年	位次 上年	位次 当年
综合科技创新水平指数（%）	51.12	46.35	10	14
创新资源指数（%）	56.37	51.86	8	6
全社会研发（R&D）经费支出占地区生产总值（GDP）的比重（%）	2.63	2.06	3	9
地方财政科技支出占公共财政支出的比重（%）	2.91	2.95	3	4
每万名就业人员中研发人员数（人年）	39.23	43.43	9	8
基础研究经费支出占 R&D 经费支出的比重（%）	0.81	1.16	8	8
创新产出指数（%）	18.18	24.44	16	16
每亿元 GDP 年登记技术合同成交额（万元）	20.76	35.11	17	17
每亿元 GDP 发明专利申请数（件）	0.50	0.61	11	11
每万人发明专利拥有量（件）	4.09	4.42	9	9
企业创新指数（%）	59.69	45.16	7	15
规模以上工业企业 R&D 经费支出占主营业务收入的比重（%）	0.78	0.64	14	16
规模以上工业企业 R&D 人员占规模以上工业企业从业人员比重（%）	4.96	4.73	8	9
高新技术企业数量占规模以上工业企业数量比重（%）	7.94	9.60	13	13
有研发机构的规模以上工业企业占规模以上工业企业比重（%）	9.52	7.43	9	7
规模以上工业企业新产品销售收入占主营业务收入比重（%）	26.68	13.91	1	12
创新绩效指数（%）	57.56	41.38	10	15
高新技术产业产值占规模以上工业总产值比重（%）	27.31	29.71	14	14
省级以上高新区规模以上工业主营业务收入占全市规模以上工业主营业务收入比重（%）	1.02	1.02	17	17
全员劳动生产率（万元/人）	9.25	10.59	10	10
万元 GDP 综合能耗较上年降低率（%）	12.45	4.91	2	4
创新环境指数（%）	59.63	72.27	9	5
研发费用加计扣除减免税占企业研发经费的比重（%）	2.41	5.06	7	4
每万名就业人员累计孵化企业数（个）	0.48	0.61	13	13
科学研究和技术服务业平均工资比较系数（%）	100.67	100.09	6	5
实际使用外资金额占地区 GDP 比重（%）	0.69	0.51	10	10
每万人互联网宽带接入用户数（万户）	0.31	0.36	5	4

十七、菏泽市

（一）科技创新发展情况

2018年，菏泽市紧密聚焦新旧动能转换、"突破菏泽"等重大战略，瞄准山东省大科学计划和大科学工程，努力完善区域创新体系，不断增强"十强产业"创新能力，加快培育经济发展新动能，推进科技创新工作取得进展。菏泽市综合科技创新水平指数为30.97%，较上年下降0.83个百分点，居全省末位。

创新产出提升，指数提高11.86个百分点，位次提升3位。技术交易有所改善。每亿元GDP年登记技术合同成交额较上年增长145.82%，位次较上年提升4位。

创新环境得到优化。创新环境指数提高7.88个百分点，位次上升1位，居全省第11位。研发费用加计扣除减免税占企业研发经费的比重居全省第6位；实际使用外资金额占GDP比重位次上升3位，居全省第12位。

创新资源劣势明显，资源指数较上年下降13.38个百分点，居全省末位。基础研究经费支出占R&D经费支出的比重有所提高，位次由上年的第16位上升至第11位；地方财政科技支出占比虽有所下降但位次上升1位；研发经费投入强度和研发人力投入强度均居全省末位。应建立多渠道投融资渠道，加大研发经费的投入力度，积极引进高层次人才，优化创新资源配置。

企业创新能力需进一步增强。企业创新指数下降2.09个百分点，居全省末位。企业研发经费投入、研发人力投入强度较上年下降，位次居全省末位；规模以上工业企业新产品销售收入占主营业务收入比重下降，位次下降2位；有研发机构的规模以上工业企业占规模以上工业企业比重位次上升1位，居全省第13位；高新技术企业数量占规模以上工业企业数量比重有所提高，但位次落后。积极搭建创新平台，鼓励企业开展研发活动，加大企业研发投入力度，确保企业创新主体地位。

图 3-17 所示为菏泽市一级评价指标与上年水平比较情况。

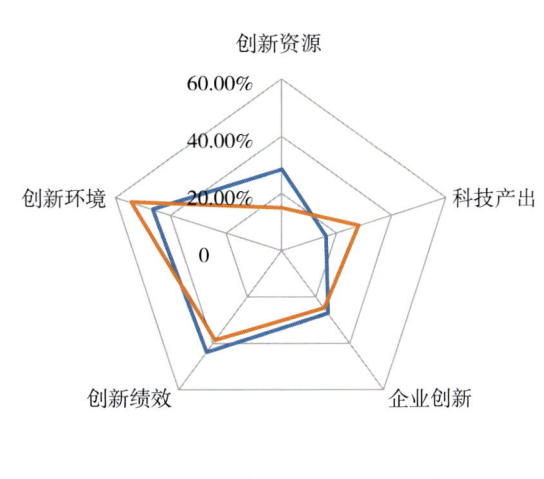

图 3-17 菏泽市一级评价指标与上年水平比较

（二）创新发展主要指标分析及位次

地区生产总值（GDP）3078.78 亿元，居全省第 13 位，比上年增长 8.95%。全员劳动生产率 6.05 万元/人，居全省第 17 位；万元 GDP 综合能耗较上年降低率为 3.91%，居全省第 9 位。

每万名就业人员中研发人员数 9.76 人年，较上年下降 3.86 人年，居全省第 17 位。地区 R&D 人员 4973.3 人年，比上年减少 29.12%，居全省第 17 位。规模以上工业企业 R&D 人员占规模以上工业企业从业人员比重为 1.95%，居全省第 17 位。

全社会 R&D 经费支出 24.87 亿元，比上年减少 36.20%；占 GDP 比重为 0.81%，比上年下降 0.57 个百分点，居全省第 17 位。R&D 经费中基础研究经费占比为 0.93%，居全省第 11 位。地方财政科技支出占公共财政支出的比重为 0.36%，比上年下降 0.07 个百分点，居全省第 16 位；规模以上工业企业 R&D 经费支出占主营业务收入比重为 0.61%，比上年提高 0.12 个百分点，居全省第 17 位。

高新技术企业 119 家，比上年增加 27 家，总数居全省第 16 位。高新技术企业数量占规模以上工业企业数量比重为 3.78%，居全省第 17 位。高新技术产业产值同比增长 5.88%，占规模以上工业总产值的比重达 32.62%，比上年下降 1.12 个百分点，居全省第 10 位。

科技创新载体 69 家，其中省级重点实验室 1 家、省级工程技术研究中心 22 家、省级以上科技企业孵化器 13 家、省级以上众创空间 33 家。

年登记技术合同成交额 21.56 亿元，较上年增长 167.83%，成交额居全省第 12 位。

研发费用加计扣除减免税 1.16 亿元，占企业研发经费的比重达到 4.72%，比上年提高 2.03 个百分点。实际使用外资额 1.81 亿美元，占 GDP 的比重 0.39%，比上年提高 0.13 个百分点，居全省第 12 位。

表 3-17 所示为菏泽市各级指标值和位次与上年比较情况。

（三）产业发展情况

三次产业协调发展，产业结构日趋合理。农业经济稳定发展，工业经济加快增长，服务业加速提升。

"四新"经济加快发展，全市拥有生产石墨烯有机太阳能电池、高钛减震器、高端软体屏蔽材料等一批技术含量高、代表产业发展方向的新能源新材料企业。服务业提挡升级，农村电商快速发展。

当前，经济下行压力有所加大，结构调整阵痛仍在持续释放，传统产业占比仍占主导。

今后，围绕传统优势产业转型升级需求以及信息、生命、新能源、新材料等交叉学科和新兴产业领域，加快重点实验室建设，完善以国家实验室为龙头的源头创新平台体系。在氢燃料电池、医疗器械、合成生物、视觉智能、云计算与大数据、高性能材料等重点优势领域，加快建设技术创新中心等平台，抢占产业技术创新制高点。持续增强产业创新能力，加快突破主导产业关键技术瓶颈；不断促进"四新"经济蓬勃兴起。

表 3–17 菏泽市各级指标值和位次与上年比较

指标名称	指标值		位次	
	上年	当年	上年	当年
综合科技创新水平指数（%）	31.81	30.97	17	17
创新资源指数（%）	28.17	14.79	17	17
全社会研发（R&D）经费支出占地区生产总值（GDP）的比重（%）	1.38	0.81	17	17
地方财政科技支出占公共财政支出的比重（%）	0.43	0.36	17	16
每万名就业人员中研发人员数（人年）	13.63	9.76	17	17
基础研究经费支出占 R&D 经费支出的比重（%）	0.23	0.93	16	11
创新产出指数（%）	15.97	27.84	17	14
每亿元 GDP 年登记技术合同成交额（万元）	28.49	70.03	16	12
每亿元 GDP 发明专利申请数（件）	0.48	0.30	12	17
每万人发明专利拥有量（件）	1.26	1.32	17	17
企业创新指数（%）	27.13	25.04	16	17
规模以上工业企业 R&D 经费支出占主营业务收入的比重（%）	0.48	0.61	16	17
规模以上工业企业 R&D 人员占规模以上工业企业从业人员比重（%）	2.28	1.95	17	17
高新技术企业数量占规模以上工业企业数量比重（%）	2.66	3.78	17	17
有研发机构的规模以上工业企业占规模以上工业企业比重（%）	6.83	5.98	14	13
规模以上工业企业新产品销售收入占主营业务收入比重（%）	5.88	2.82	15	17
创新绩效指数（%）	44.00	38.94	15	16
高新技术产业产值占规模以上工业总产值比重（%）	33.74	32.62	8	10
省级以上高新区规模以上工业主营业务收入占全市规模以上工业主营业务收入比重（%）	5.12	5.12	13	13
全员劳动生产率（万元/人）	5.49	6.05	17	17
万元 GDP 综合能耗较上年降低率（%）	5.90	3.91	10	9
创新环境指数（%）	46.52	54.39	12	11
研发费用加计扣除减免税占企业研发经费的比重（%）	2.69	4.72	5	6
每万名就业人员累计孵化企业数（个）	0.30	0.00	15	17
科学研究和技术服务业平均工资比较系数（%）	58.27	61.31	17	17
实际使用外资金额占地区 GDP 比重（%）	0.26	0.39	15	12
每万人互联网宽带接入用户数（万户）	0.18	0.20	17	17

附　　录

一、区域科技创新能力评价指标体系

一级指标	序号	二级指标	数据来源
创新资源	1	全社会研发（R&D）经费支出占地区生产总值（GDP）的比重（%）	山东统计年鉴
	2	地方财政科技支出占公共财政支出的比重（%）	山东统计年鉴
	3	每万人拥有的受大专及以上教育程度人口数（人）	山东省统计局
	4	每万名就业人员中研发人员数（人年）	山东统计年鉴
	5	基础研究经费支出占R&D经费支出的比重（%）	山东统计年鉴
创新产出	6	每万元科学研究经费（基础研究经费与应用研究经费之和）的国外主要检索工具收录科技论文数量（篇）	中国科技统计年鉴 山东统计年鉴
	7	每亿元GDP年登记技术合同成交额（万元）	山东统计年鉴 山东省科技厅
	8	每亿元GDP发明专利申请数（件）	山东统计年鉴
	9	每万人发明专利拥有量（件）	山东省市场监管局

一级指标	序号	二级指标	数据来源
企业创新	10	规模以上工业企业R&D经费支出占主营业务收入的比重（%）	山东统计年鉴
	11	规模以上工业企业R&D人员占规模以上工业企业从业人员比重（%）	山东统计年鉴
	12	高新技术企业数量占规模以上工业企业数量比重（%）	山东统计年鉴 山东省科技厅
	13	有研发机构的规模以上工业企业占规模以上工业企业比重（%）	山东科技统计年鉴
	14	规模以上工业企业新产品销售收入占主营业务收入比重（%）	山东统计年鉴
创新绩效	15	高新技术产业产值占规模以上工业总产值比重（%）	山东省科技厅
	16	知识密集型服务业增加值占GDP比重（%）	山东统计年鉴
	17	省级以上高新区规模以上工业主营业务收入占全省（市）规模以上工业主营业务收入比重（%）	山东统计年鉴 山东省科技厅
	18	全员劳动生产率（万元/人）	山东统计年鉴
	19	万元GDP综合能耗较上年降低率（%）	山东统计年鉴
创新环境	20	研发费用加计扣除减免税占企业研发经费的比重（%）	山东科技统计年鉴
	21	每万名就业人员累计孵化企业数（个）	中国火炬统计年鉴 山东统计年鉴
	22	科学研究和技术服务业平均工资比较系数（%）	中国统计年鉴 山东统计年鉴
	23	实际使用外资金额占GDP比重（%）	山东统计年鉴
	24	每万人互联网宽带接入用户数（万户）	山东统计年鉴

二、指标解释

1. 全社会研发（R&D）经费支出占地区生产总值（GDP）的比重

该指标是国际上通用的衡量一个国家或地区科技投入强度和科技发展水平的评价指标。其中，全社会R&D经费支出是指调查单位在报告年度内用于内部开展 R&D 活动的实际支出。GDP 是指按市场价格计算的一个国家（或地区）所有常住单位在一定时期内生产活动的最终成果。

计算公式：（全社会 R&D 经费支出/地区 GDP）×100%。

2. 地方财政科技支出占公共财政支出的比重

该指标是衡量地方政府财政科技投入力度的重要指标。其中，地方财政科技支出是指地方用于科学技术方面的公共财政支出，包括科学技术管理事务、基础研究、应用研究、技术研究与开发、科技条件与服务、社会科学、科学技术普及、科技交流与合作等。

公共财政支出是指地方财政将筹集起来的资金进行分配使用，以满足经济建设和各项事业的需要。

计算公式：（地方财政科技支出/公共财政支出）×100%。

3. 每万人拥有的受大专及以上教育程度人口数

该指标是反映科技人力资源状况的重要指标，每万人拥有的受大专及以上教育程度人口数是大专以上学历人数和人口数之比，该指标数据增加可以体现该地区科技人力资源的流入和增加，反之，则体现出科技人力资源的流出和减少。

计算公式：（拥有的受大专及以上教育程度的人口数/总人口数）×10000。

4. 每万名就业人员中研发人员数

该指标是反映科技人力资源和研发活动人力投入强度的重要指标。其中，研发人员指调查单位内部从事基础研究、应用研究和试验发展 3 类活动的全时人员加非全时人员按工作量折算为全时人员数的总和。就业人员指在 16 周岁及以上，从事一定社会劳动并取得劳动报酬或经营收入的人员。

计算公式：（研发人员数/就业人员数）×10000。

5. 基础研究经费支出占 R&D 经费支出的比重

该指标是反映对基础研究重视程度的指标，其中，基础研究指为了获得关于现象和可观察事实的基本原理的新知识（揭示客观事物的本质、运动规律，获得新发现、新学说）而进行的实验性或理论性研究，它不以任何专门或特定

附　录

的应用或使用为目的。其成果以科学论文和科学著作为主要形式。用来反映知识的原始创新能力。

计算公式：（基础研究经费支出/R&D经费支出）×100%。

6. 每万元科学研究经费（基础研究经费与应用研究经费之和）的国外主要检索工具收录科技论文数量

该指标是反映科技论文产出效率的指标，指国际科技论文数量与科学研究经费之比。其中，国外主要检索工具收录科技论文数量指由SCI、EI、CPCI–S收录的科技论文数。

计算公式：（国外主要检索工具收录科技论文数量/科学研究经费）×10000。

7. 每亿元GDP年登记技术合同成交额

该指标是反映科技成果转化的重要指标，指年登记技术合同成交额与GDP之比。登记技术合同成交额是指报告期内在全国技术合同网上登记系统登记的技术合同（技术开发、技术转让、技术咨询、技术服务）成交项目的总金额。

计算公式：（年登记技术合同成交额/地区GDP）×10000。

8. 每亿元GDP发明专利申请数

该指标是反映自主知识产权和自主创新的指标，指每生产亿元GDP，当年发明专利申请数。

计算公式：（发明专利申请数/地区GDP）×100000000。

9. 每万人发明专利拥有量

该指标反映相对于人口规模发明专利的存量水平。其中，发明专利拥有量是指调查单位作为专利权人在报告年度拥有的、经国内外知识产权行政部门授权且在有效期内的发明专利件数。常住人口包括：居住在本乡镇街道且户口在本乡镇街道或户口待定的人；居住在本乡镇街道且离开户口登记地所在的乡镇街道半年以上的人；户口在本乡镇街道且外出不满半年或在境外工作学习的人。

计算公式：（发明专利拥有量/常住人口数）×10000。

10. 规模以上工业企业R&D经费支出占主营业务收入的比重

该指标是衡量规模以上工业企业创新能力和创新投入水平的重要指标。其中，规模以上工业企业是指年主营业务收入在 2000 万元以上的工业企业。规模以上工业企业研发经费是指规模以上工业企业在报告年度内用于内部开展研发活动的实际支出。主营业务收入是指企业确认的销售商品、提供劳务等主营业务的收入。

计算公式：（规模以上工业企业 R&D 经费支出/主营业务收入）×100%。

11. 规模以上工业企业 R&D 人员占规模以上工业企业从业人员比重

该指标是衡量企业科技活动人力投入水平的主要指标，指规模以上工业企业 R&D 人员数与规模以上工业企业从业人员数之比。

计算公式：（规模以上工业企业 R&D 人员数/规模以上工业企业从业人员数）×100%。

12. 高新技术企业数量占规模以上工业企业数量比重

该指标是衡量地方创业水平的指标。高新技术企业是指按照《高新技术企业认定管理办法》获得认定的，在《国家重点支持的高新技术领域》内，持续进行研究开发与技术成果转化，形成企业核心自主知识产权，并以此为基础开展经营活动，在中国境内（不包括港、澳、台地区）注册的居民企业。

计算公式：（高新技术企业数/规模以上工业企业数）×100%。

13. 有研发机构的规模以上工业企业占规模以上工业企业比重

该指标是反映工业企业整体创新水平的指标。其中，研发机构是指在区内设立的独立或非独立的具有自主研发能力的技术创新组织载体。

计算公式：（有研发机构的规模以上工业企业数/规模以上工业企业数）×100%。

14. 规模以上工业企业新产品销售收入占主营业务收入比重

该指标是衡量规模以上工业企业创新产出的重要指标之一。其中，新产品销售收入反映工业企业新产品销售的规模。新产品指的是采用新技术原理、新设计构思研制生产的全新产品，或在结构、材质、工艺等某一方面比原有产品有明显改进，从而显著提高了产品性能或扩大了使用功能的产品。

附 录

计算公式：（规模以上工业企业新产品销售收入/规模以上工业主营业务收入）×100%。

15. 高新技术产业产值占规模以上工业总产值比重

该指标是衡量高新技术企业创新产出的重要指标，反映科技创新对产业结构的优化程度。其中，高新技术产业产值是指属于山东省高新技术产业统计范围的行业的企业产值。规模以上工业总产值是指以货币形式表现的，规模以上工业企业在一定时期内生产的工业最终产品或提供工业性劳务活动的总价值量，它反映一定时间内规模以上工业生产的总规模和总水平。

计算公式：（高新技术产业产值/规模以上工业总产值）×100%。

16. 知识密集型服务业增加值占 GDP 比重

该指标反映一个地区的知识密集型服务业发展水平，测度一个地区经济产出中的知识含量大小和产业结构升级水平。知识密集型服务业包括：①信息传输、软件和信息技术服务业；②金融业；③租赁和商务服务业；④科学研究和技术服务业。

计算公式：（知识密集型服务业增加值/地区 GDP）×100%。

17. 省级以上高新区规模以上工业主营业务收入占全省（市）规模以上工业主营业务收入比重

该指标是衡量地方省级以上高新区创新能力的指标。省级以上高新区规模以上主营业务收入是指高新区内规模以上工业企业主营业务收入之和。

计算公式：（省级以上高新区规模以上工业主营业务收入/全省（市）规模以上工业主营业务收入）×100%。

18. 全员劳动生产率

该指标反映全社会的劳动效率，指根据产品的价值量指标计算的平均每一个从业人员在单位时间内的产品生产量。

计算公式：（地区 GDP/就业人员数）/10000。

19. 万元 GDP 综合能耗较上年降低率

该指标是反映能源消费水平和节能降耗状况的主要指标，是指在一定区域内，国民经济各行业和居民家庭在一定时间消费的各种能源总和与上一年相比的下降幅度。

计算公式：（1 - 本年万元 GDP 综合能耗/上年万元 GDP 综合能耗）×100%。

20. 研发费用加计扣除减免税占企业研发经费的比重

该指标是反映政府对企业科技活动的重视程度的指标。研发费用加计扣除减免税是指企业按有关政策和税法规定税前加计扣除的研发活动费用所产生的所得税减免额。企业研发经费是指规模以上工业企业在报告年度内用于内部开展研发活动的实际支出。

计算公式：（研发费用加计扣除减免税/企业研发经费）×100%。

21. 每万名就业人员累计孵化企业数

科技企业孵化器是以促进科技成果转化、培养高新技术企业和企业家为宗旨的科技创业服务载体，其累计孵化企业数是科技创新环境的重要体现。

计算公式：（科技企业孵化器累计毕业企业数/就业人员数）× 10000。

22. 科学研究和技术服务业平均工资比较系数

科学研究和技术服务业工资水平反映了政府及社会对从事科学研究和技术服务工作的劳动者劳动报酬的认可程度。但由于各地区消费水平差异较大，因此，这一指标还需要用地区科学研究与技术服务业工资水平与全国（全省）该行业工资水平的比例进行修正。

计算公式：（地区科学研究和技术服务业平均工资/地区全社会平均工资）×[地区科学研究和技术服务业平均工资/全国（全省）科学研究和技术服务业平均工资]×100%。

23. 实际使用外资金额占地区 GDP 比重

该指标反映外资的利用水平，是体现营商环境优化的一个重要指标。实际使用外资金额是指批准的合同外资的实际执行数，外国投资者根据批准外商投资企业的合同（章程）的规定实际缴付的出资额和企业投资总额内外国投资者以自己的境外自有资金实际直接向企业提供的贷款。

计算公式：（实际使用外资金额/地区 GDP）×100%。

附 录

24. 每万人互联网宽带接入用户数

该指标是衡量一个地区信息化发达程度的指标,指互联网宽带接入用户数与总人口数之比。

计算公式:互联网宽带接入用户数/总人口数。

三、评价方法

采用指数法对各级指标进行综合,各级评价值均可称为"指数"。评价步骤如下。

(1)将各二级指标除以相应的评价标准,得到二级指标的评价值,即为二级指标相应的指数,计算方法为:

$$y_{ij} = \frac{x_{ij}}{x_{.j}} \times 100\%$$

其中:x_{ij} 为第 i 个一级指标下、第 j 个二级指标;$x_{.j}$ 为第 j 个二级指标相应的标准值。

(2)一级指标评价值(一级指数)$y_{i.}$ 由二级指标评价值加权综合而成,即

$$y_{i.} = \sum_{j=1}^{n_i} w_{ij} y_{ij}$$

其中:w_{ij} 为各二级指标评价值相应的权重;n_i 为第 i 个一级指标下设的二级指标的个数。

(3)总评价值(总指数)由一级指标加权综合而成,即

$$y = \sum_{i=1}^{n} w_{i.} y_{i.}$$

其中:$w_{i.}$ 为各一级指标评价值相应的权重;n 为一级指标个数。

四、报告图解

附　　录

01 全省科技创新水平再创新高

全省综合科技创新水平指数达 143.88%

较上年提高 17.90 个百分点

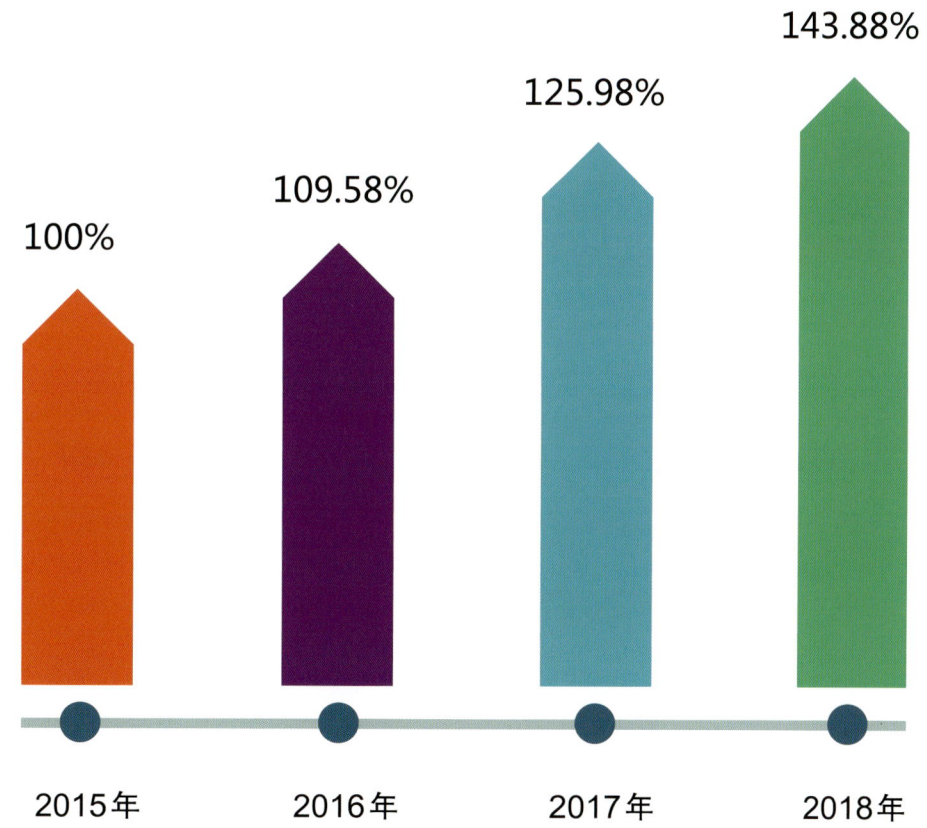

2015年	2016年	2017年	2018年
100%	109.58%	125.98%	143.88%

2019 | 山东省区域科技创新能力评价报告

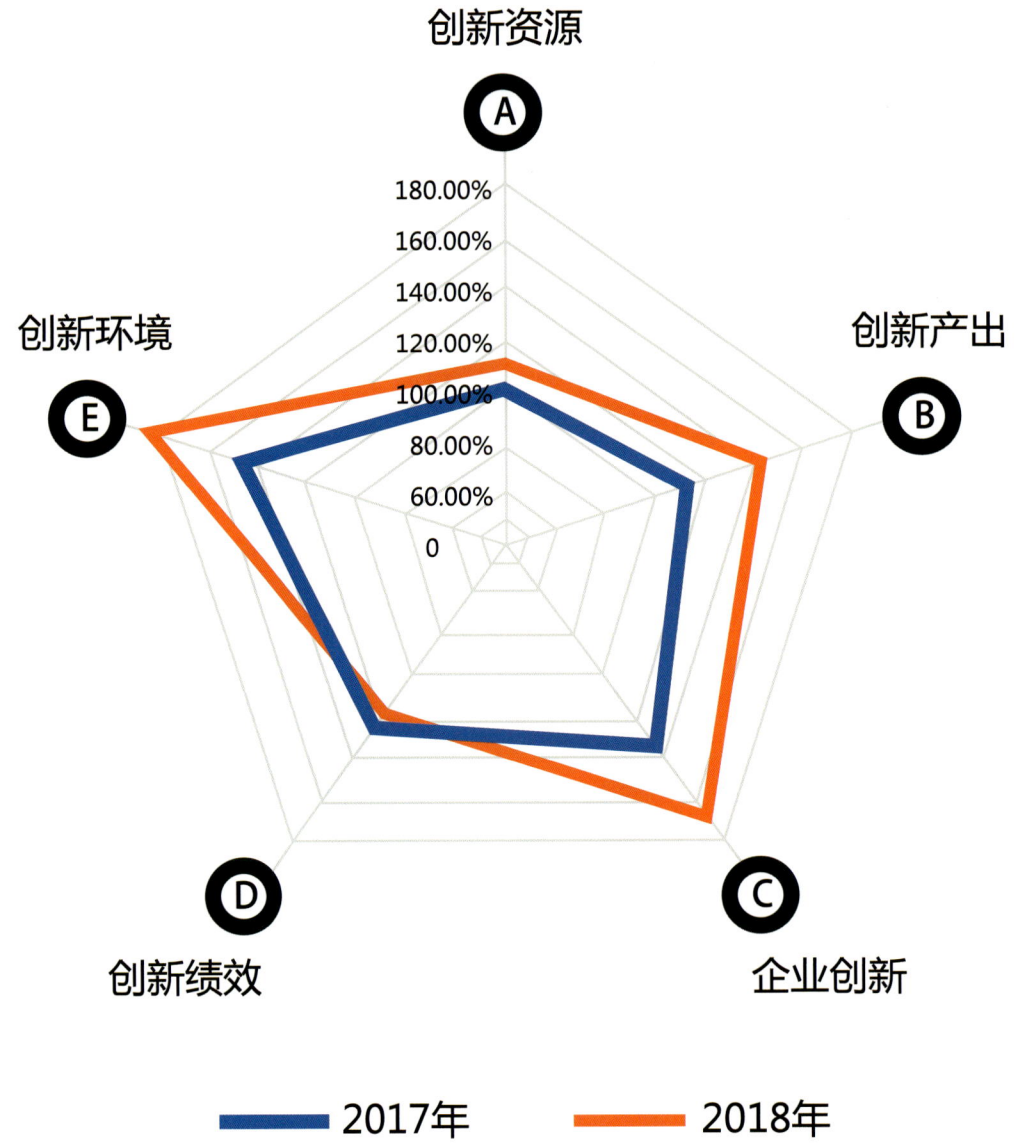

附　录

各市科技创新呈现你追我赶的局面 02

济南、青岛、淄博、威海、烟台、泰安综合科技创新水平指数居**全省前6位**

城市	指数	类别
济南	112.32	第一类
青岛	103.63	
淄博	75.94	第二类
威海	74.72	
烟台	66.30	
泰安	60.17	
潍坊	58.76	第三类
东营	57.98	
莱芜	50.48	
济宁	49.53	
聊城	48.81	
德州	47.13	
日照	46.48	
滨州	46.35	
枣庄	44.01	第四类
临沂	41.71	
菏泽	30.97	

青岛、聊城、济南、德州、淄博、威海综合科技创新水平增幅居全省前6位

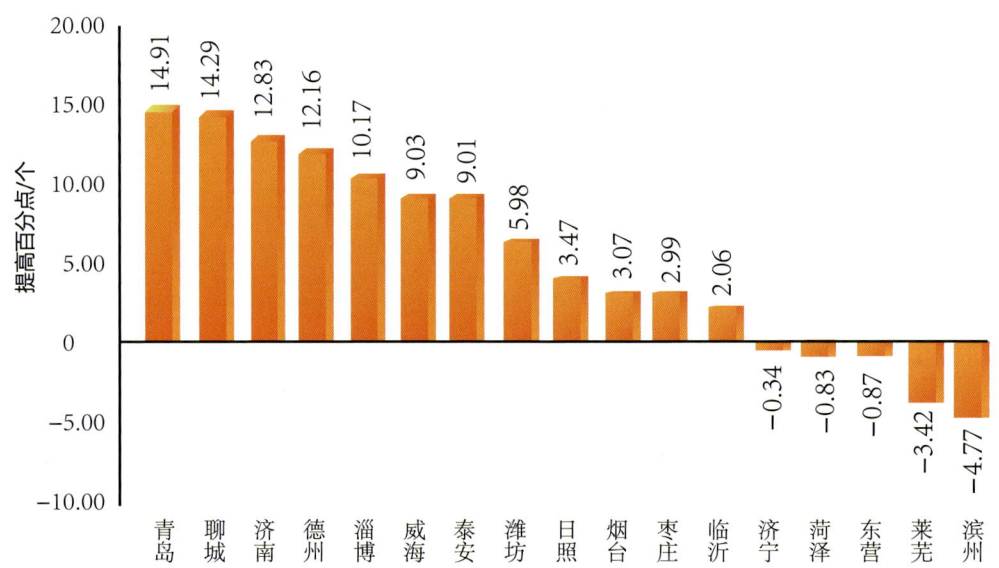

附 录

区域科技创新各具特色 03

1 从创新资源指数来看

济南、青岛、淄博、烟台、威海、滨州居全省 **前6位**

德 州 从第13位上升至第7位

日 照 从第14位上升至第9位

淄 博 从第6位上升至第3位

2 从创新产出指数来看

济南、青岛、淄博、潍坊、威海、东营居全省 **前6位**

聊城 从第13位上升至第9位

菏泽 从第17位上升至第14位

日照 从第15位上升至第13位

东营 从第8位上升至第6位

附 录

③ 从企业创新指数来看

济南、青岛、泰安、淄博、烟台、日照居全省 **前6位**

泰安 从第11位上升至第3位

德州 从第17位上升至第11位

聊城 从第15位上升至第9位

4 从创新绩效指数来看

济南、青岛、威海、淄博、东营、潍坊居全省 **前6位**

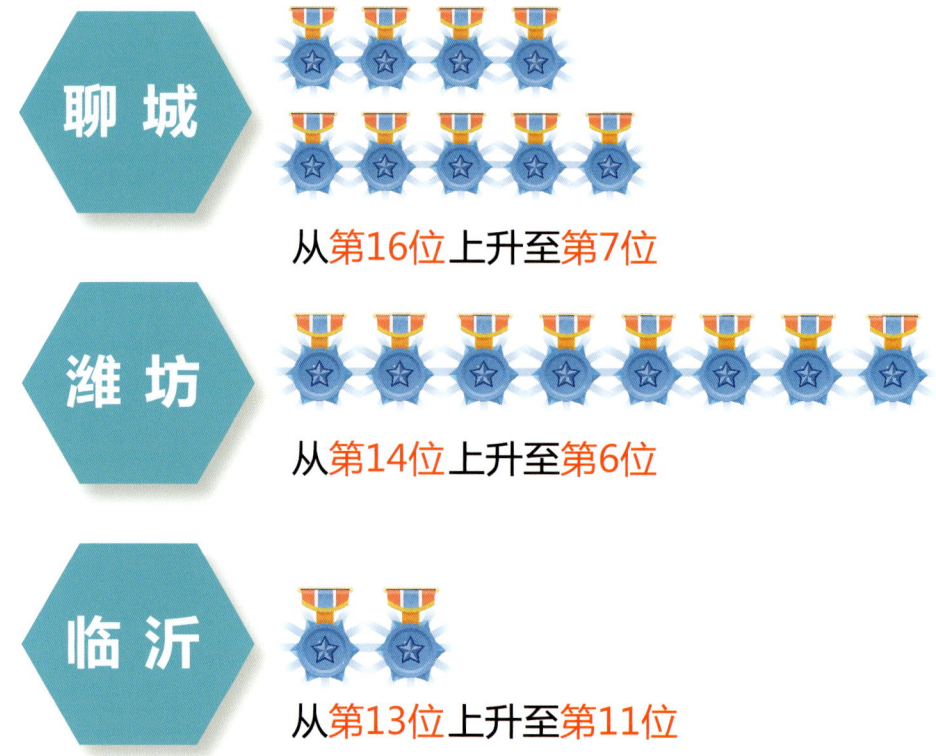

聊城 从第16位上升至第7位

潍坊 从第14位上升至第6位

临沂 从第13位上升至第11位

附 录

5 从创新环境指数来看

威海、青岛、济南、东营、滨州、潍坊居全省 **前6位**

德 州 从第16位上升至第10位

临 沂 从第14位上升至第9位

潍 坊 从第10位上升至第6位

威 海 从第5位上升至第1位

滨 州 从第9位上升至第5位

04 济南、青岛引领发展的地位愈加凸显

1. 两市研发经费支出占全省研发经费支出的比重由上年的 **28.08%** 上升至 **29.87%**。

2. 两市研发人员全时当量占全省研发人员全时当量的比重由上年的**32.85%**上升至**35.64%**。

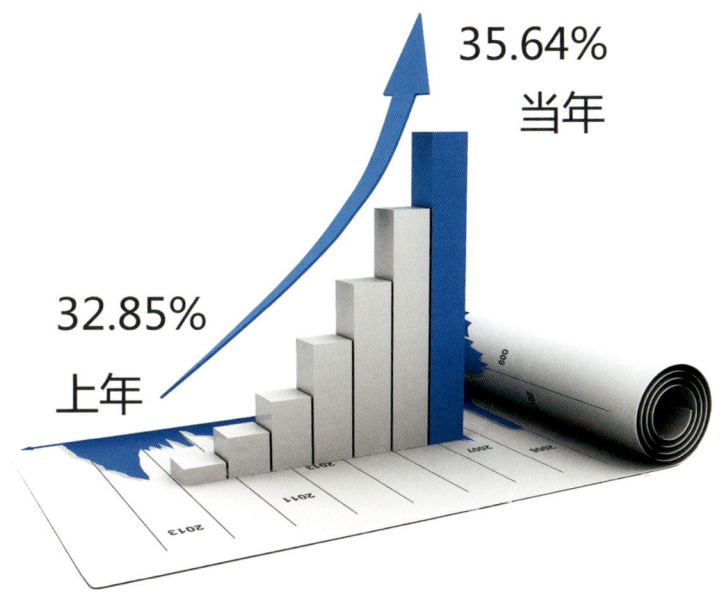

3. 两市发明专利申请量、发明专利授权量占全省比重分别达到**47.75%**、**55.97%**。

4. 两市高新技术企业数占全省高新技术企业数的比重由上年的 **49.64%** 上升至 **52.28%**。

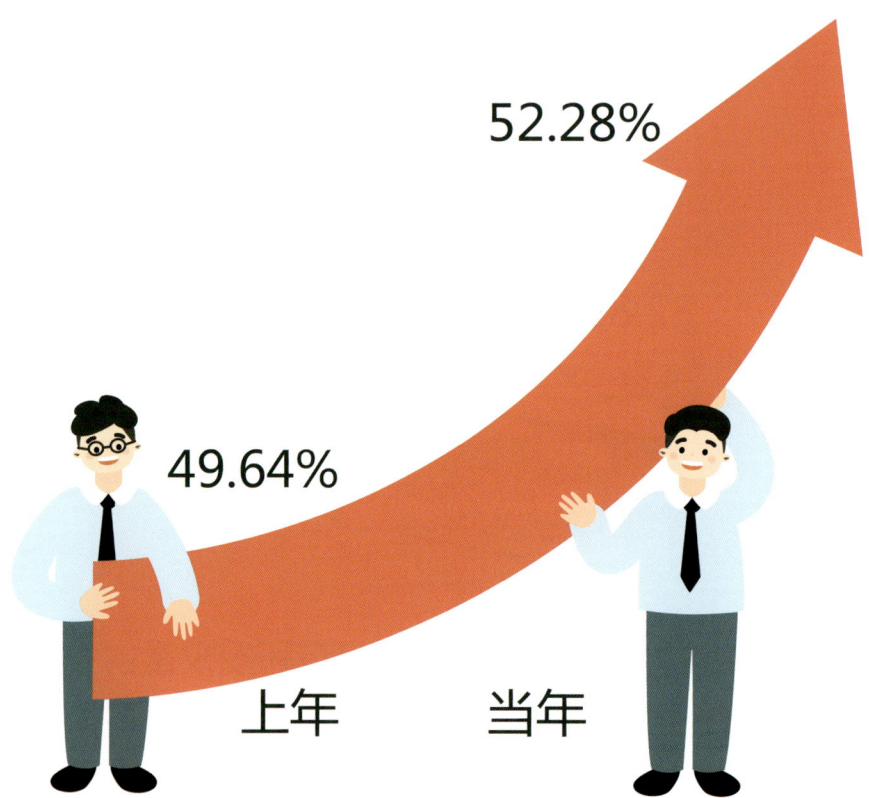

5. 两市高新技术产业产值占规模以上工业总产值比重分列全省第一、第二位。济南由上年的**45.15%**上升至**56.12%**；青岛由上年的**42.51%**上升至**50.23%**。

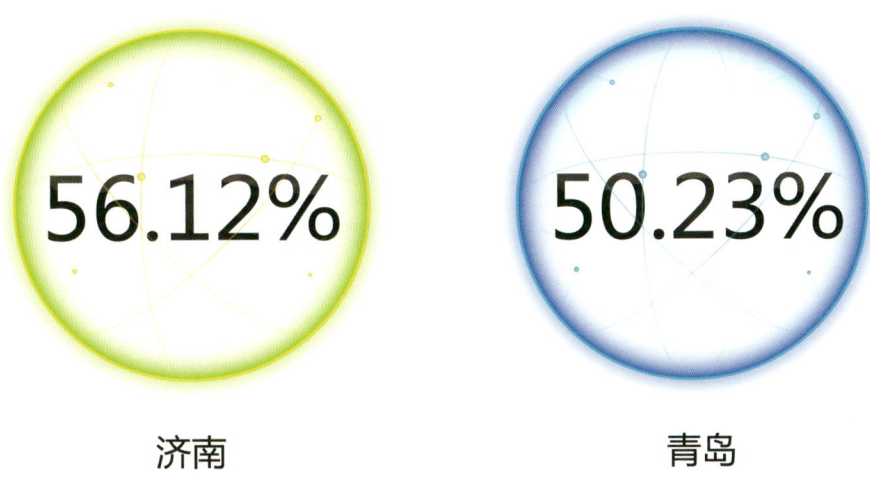

济南　　　　　　　　青岛

05 创新型城市支撑创新型省份建设成效明显

济南、青岛、烟台、济宁、潍坊、东营立足自身资源禀赋、产业特征、区位优势、发展水平等基础条件，创新型城市建设水平进一步提升。

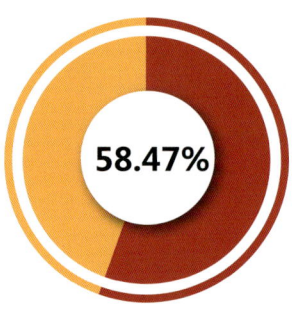

六市研发经费支出占全省比重 58.47%

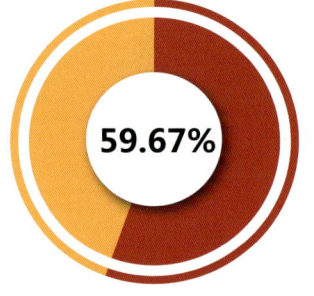

六市R&D人员全时当量占全省比重 59.67%

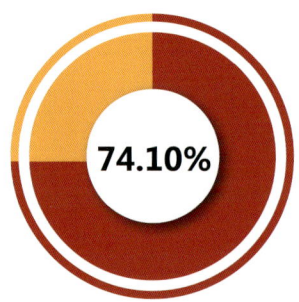

六市高新技术企业数量占全省比重 74.10%

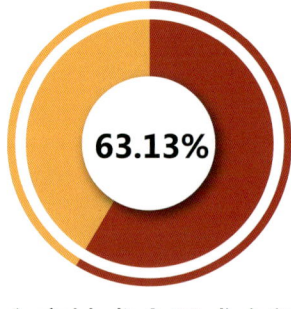

六市技术合同成交额占全省比重 63.13%

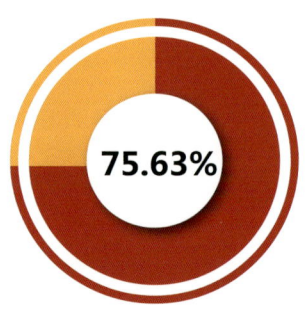

六市发明专利授权量占全省比重 75.63%

中西部部分地区快速崛起 06

聊城

综合科技创新水平指数列全省**第11位**，较上年**上升5位**，是全省提高位次最多的市。

规模以上工业企业新产品销售收入占主营业务收入比重**全省第一**。

万元GDP综合能耗较上年降低率指数增幅**全省第一**。

2019 山东省区域科技创新能力评价报告

泰安

综合科技创新水平指数较上年 **上升3位**，列全省 **第6位**。规模以上工业企业R&D经费支出占主营业务收入比重 **全省第一**。

德州

综合科技创新水平指数列全省 **第12位**，较上年 **上升3位**。

地方财政科技支出占公共财政支出的比重增幅、有研发机构的规模以上工业企业占规模以上工业企业比重增幅均位列 **全省第一**。

山东省科技统计分析研究中心